世界のエリートが実践！

革命的話し方メソッド

ポプラ社

1週間で話し方は変えられる

あなたは、人前で話すことを、「緊張する」「苦手だ」と思い込んでいませんか？

でも、安心してください。それはあなたのせいではありません。

誰もこれまであなたに「正しい話し方」を教えてくれなかったのが原因です。


「話す力」、もっと広く言えば、「コミュニケーション力」は、性格によって決まってしまうものだと思い込んでいる人がほとんどです。

「あいつは話が下手だから出世できない」とか「ユーモアのセンスがないから営業は無理」というような言葉を耳にすることも多々あります。

でも、その認識は間違っています。

性格が、話し方を決定することはありません。

話し方が、その人の能力を決定することもありません。

ただ、話し方が、人の魅力を伝え、能力をより明確にすることはあります。


「話し方を学んだからといって、自分のビジネススキルが上がるわけがない」

そう考えている人もいるかもしれません。

でも、「話し方」はあなた自身とイコールといっても過言ではありません。あなたが考えていること、価値観、経験、あなたという人物そのものを相手に伝えるツールが「話し方」だからです。自分の良いところを周囲に伝えることができれば、与える印象、評価、仕事、人間関係、そして人生は大きく変わります。

では、どうしたら、人生を豊かにするような話し方ができるのでしょうか？

外見を整えたり、知識を増やしたりするように、まずは、話し方の「外面」「内面」を磨くことが重要です。

そのためのメソッドが「VLP（Voice Logic Performance）メソッド」です。

これは私自身が20年に亘る、アナウンサー、スピーチトレーナー経験を経てたどり着いた、最もシンプルで、確実に効果のあるメソッドです。

話し方を改善する柱としては、大きく分けて3つあります。

1つ目は、相手に良い印象を与える「発声・発音（Power Voice）」、2つ目は、分かりやすく内容を構成する「ロジック（Logical Message）」、そして3つ目は、緊張を克服し、クセを改善する「パフォーマンス（Attractive Performance）」。

この3つさえ改善できれば、話し方は誰でも確実に上手くなります。

本書では、1週間で、話し方改善の3本柱、「声」「ロジック」「パフォーマンス」を鍛えるトレーニングを紹介しています。

どのメソッドも、話し方のプロフェッショナル、アナウンサーである私たちが、日々、国内外で活躍する一流のビジネスパーソンを対象に、実践しているものばかりです。この本を1冊マスターすれば、話すことを通じて自分の理想を、より確実に実現できるようになるはずです。

KEE'S代表　野村絵理奈

ビジネスで成功するために、なぜ「話し方」が重要なのか？

話し方が、あなたの印象の約4割を決める

初対面の人に会ったとき、あなたはどこを見て、印象の善し悪しを判断しますか？

「初めて会った人のどこを見て判断するか」というアンケートによれば、1位は「顔つき・ルックス」（21％）。そして、2位にランクインしたのが「口調」（19％）でした。

Q 第一印象で相手の人柄を判断するとき最初にチェックするところは？（複数回答）

出典「シティリビング」（サンケイリビング新聞社）2008年4月25日号をもとに作成

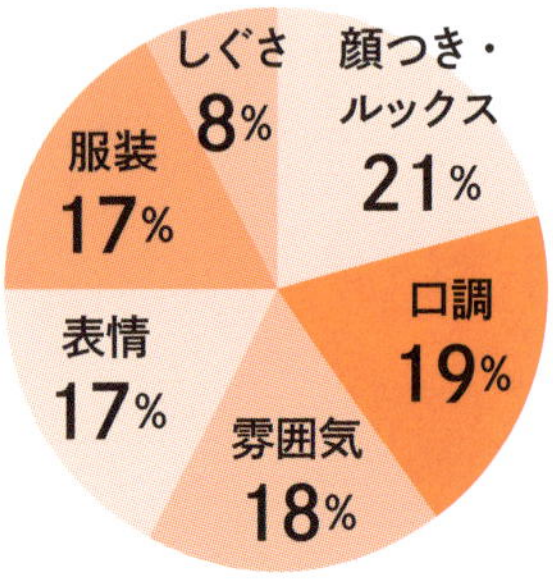

顔つき・ルックス 21％
口調 19％
雰囲気 18％
表情 17％
服装 17％
しぐさ 8％

視覚や聴覚が他人に与える影響は大きいことがよく知られています。それにもかかわらず、髪形や服装などについては細かく配慮をしていても、意外と顔つきや口調を十分に鍛えている人は少ないもの。

口角を上げて、にこやかな表情を作ること。そして、伝わりやすい話し方やクリアな声を意識するだけで、あなたの第一印象は大きく変わっていくのです。

欧米では、声やスマイルなどの印象を作り上げることは、エグゼクティブの常識になっていますが、日本で実践している人はまだまだほんの一握り。話しているときの表情や話し方、そして声を鍛えるだけで、ライバルに大きく差をつけることができるのです。

成功するために必要なのは、90％のコミュニケーション能力

「成功するために必要なのは、90％のコミュニケーション能力と、10％の専門知識である」

これは、世界的なビジネスコンサルタントのブライアン・トレーシーの言葉です。

また、ハーバードビジネススクールの調査によれば、コミュニケーション能力がある人とない人とでは、年収に1・85倍の開きがあるとのデータもあります。

現代社会において、コミュニケーション能力を強化することが、活躍できるビジネスパーソンになる必須要素です。では、どうしたらコミュニケーション能力を高めることができるのでしょうか。

人は誰かとコミュニケーションを取っているとき、無意識の自分をさらけ出しているわけではありません。多くの場合、「相手にとって自分が好ましい存在だという印象を与えよう」と意図的にふるまっています。これを、「自己呈示（Self-Presentation）」と呼びます。

そして、この自己呈示力が高い人ほど、自分の見せ方が上手です。他人とのコミュニケーションを円滑に行うことができるとも言えるでしょう。

自己呈示力を向上させるためには、大きく分けて2つの要素があります。

ひとつは、他人と打ち解けるための「対人力」。これは、発声、発音、表情、ジェスチャーなどが含まれます。言い換えれば「いかに話すか」、つまり話しているときの外見や姿と言ってもよいでしょう。

もうひとつの要素は、わかりやすく自分の話を伝える「思考力」です。こちらは、ロジカルシンキングや構成力、話題の選び方、言葉遣いなど、「何を話すか」という内容に関する要素です。

このような「対人力」「思考力」のスキルアップに必要なポイントをすべて含んだメソッドが、のちに紹介する「VLPメソッド」です。このメソッドに基づいてトレーニングすれば、あなたのコミュニケーション能力は、驚くほどアップするはずです。

話し上手になるためには基本の「心・技・体」を鍛えよう

大人数の前でスピーチやプレゼンをした際、大失敗した、あるいは、失敗とまではいかないまでも、思うように伝えられなかった苦い経験は誰にでもあると思います。

では、なぜあなたは「自分の想い」をうまくスピーチやプレゼンで伝えることができなかったのでしょうか？

次にご紹介する3つの要素のなかから、自分に足りなかったものはなかったか、振り返ってみてください。

・伝えたいという熱意……………心
・伝えるための技術……………技
・伝えることができる基礎力……体

優れたアスリートが、自分の技や体、そしてメンタルをトレーニングするように、優れた話し手は、話し方の「心・技・体」を鍛えることに長けています。

話し方の「心・技・体」が備わっている人は、十分な声のボリュームと正確な発音で、伝えたいことを効果的に伝えるとともに、情熱を込めて、聞き手の心にメッセージを届けることができるのです。

あなたには、この「心・技・体」が備わっていますか？

上手な話し方は、3つの要素で決まる！

「発声・発音（Power Voice）」「構成・ロジック（Logical Message）」「パフォーマンス（Attractive Performance）」。これらの3つの要素は、伝わりやすい話し方を短期間で実現させるための必須項目です。

まず、ビジネスや人間関係での第一印象を良くするには「発声・発音（Power Voice）」を鍛えることが大切です。声や発音は、その人のパーソナリティをストレートに伝えるもの。

例えば、ビジネスで考えてみてください。

あなたが「この人と仕事がしたい」と感じるのは、「ボソボソ・もごもご」と小声で話す人なのか、それとも「ハキハキ・いきいき」と明瞭に話す人、どちらでしょうか？

プライベートにおいても、職場の人間関係においても、人は、エネルギーに溢れた人に魅力を感じ、一緒に仕事がしたいと感じるもの。

相手に「また会いたい」と思ってもらえる人になるためには、エネルギーを感じさせる発声と明瞭な発音が非常に大事な要素になります。

続いて、「構成・ロジック（Logical Message）」とは、ビジネスやプライベートで、要点をまとめ、分かりやすく、しかも印象深く伝えるためのメソッドです。

言いたいことを端的に伝えることができず、長々と同じことを話してしまう……。そんな話し方では、プレゼンや営業で良い結果を得られませんし、情報や自分の考えが間違って相手に伝わってしまう「ミス・コミュニケーション」を招くこともあります。

この本のなかでは、このような悩みを解決するロジカルスピーチの技術をお伝えします。

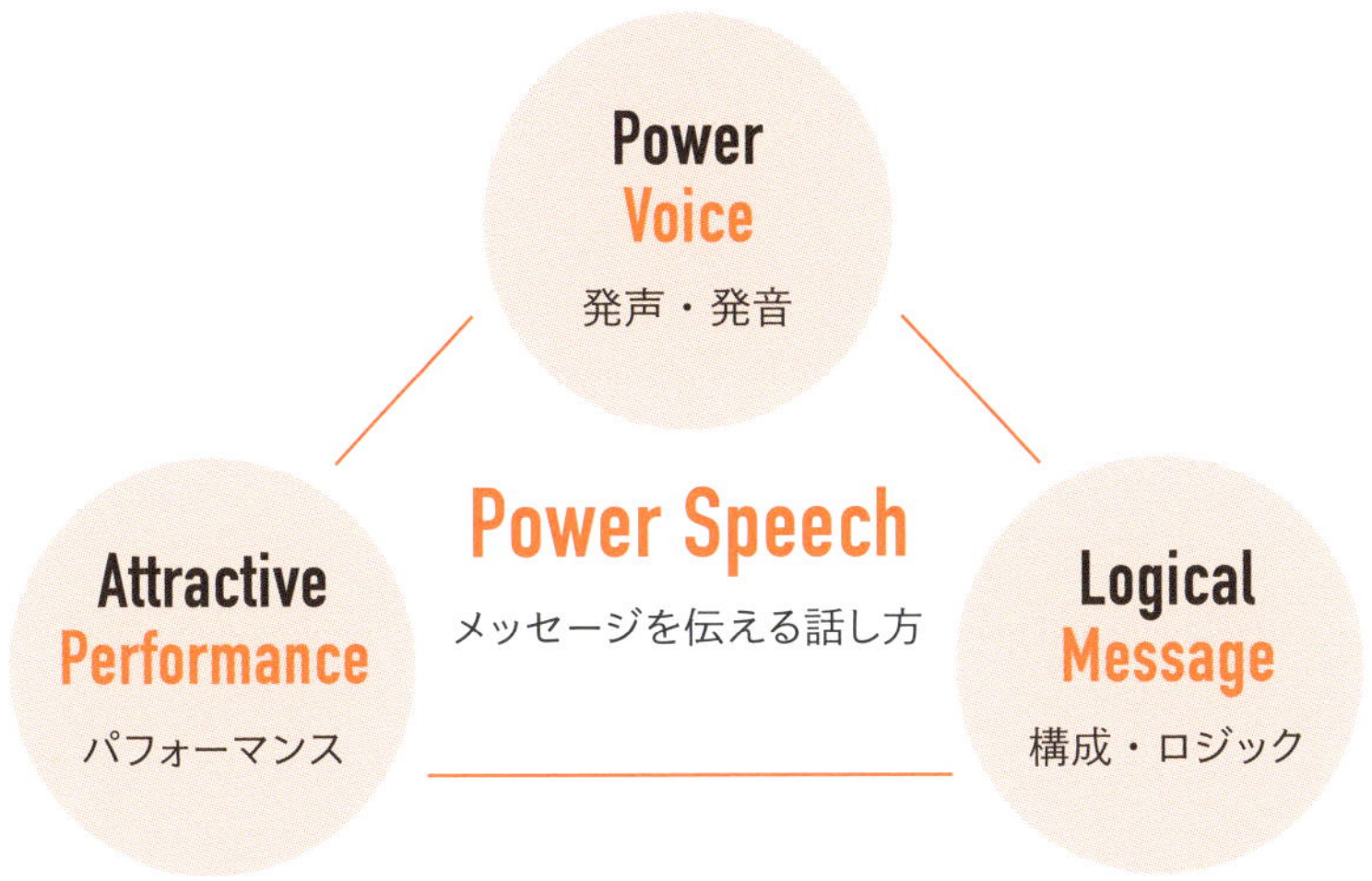

Power Speech
メッセージを伝える話し方

Power Voice
発声・発音

Logical Message
構成・ロジック

Attractive Performance
パフォーマンス

そして、話し方の基礎をある程度習得できたら、最後にぜひ覚えていただきたいのが「パフォーマンス（Attractive Performance）」です。

緊張をコントロールし、堂々とした印象を与える表情や目線、ジェスチャーなどが含まれます。パフォーマンスは、「ノンバーバルコミュニケーション（言葉以外のコミュニケーション）」と呼ばれ、あなた自身の話し方の印象を決定する重要な要素です。

人前でのスピーチや対人関係で、日ごろから緊張しがちな方こそ、ぜひ、このパフォーマンスをマスターして、自分の良さを発揮できる話し方を実現させていきましょう。

本書のなかでは、私たちが日々、ビジネスパーソンの方々に向けて行っているオリジナルプログラムである「VLPメソッド」をベースにして、この3つの要素を1週間のプログラムのなかに組み込んでいます。3つの要素のうち、どれが欠けても「話し方が上手い人」にはなれません。

ぜひ、この3つの要素を意識しながら、この本のなかにある1週間のプログラムに挑戦してみてください。

本を読んでも話し方は上手くならない 実践あるのみ！

話し方は、スポーツを習得するのと同じで「テクニック」が必要です。

ゴルフテクニックの知識を、どんなに雑誌や本を読んで頭に詰め込んだとしても、実際、コースに出て実践してみなければ、すぐにはうまくいかないものです。

話し方も、本を読んで知識を覚えたとしても、それだけでは上手くはなりません。

正しい方法を覚えることと同時に、正しくトレーニングをすることで、声や発音が変わり、表現力も向上し、聞き手を魅了する話し方に近づくことができるのです。

話し方の本を読んで、上手く話すための知識をインプットするだけでなく、まずは体を使ってアウトプットしていくことで、実践で使える技術を体得していきましょう。

この本のなかでは、様々な話し方のトレーニングをご紹介しています。

1日1分でかまいません。まずは1週間続けてみてください。すると、「声が出やすくなった」「職場で明るくなったと言われた」「口が開きやすくなった」というような変化に気が付くはずです。スピーチ力が少しずつ確実に上がっていく感動を、ご自身で体感できるはずです。

話し方で得する人・損する人の違いとは？

次に、「話し下手」と「話し上手」の特徴をまとめてみました。

あなたはどちらの要素に、より多く当てはまりますか？

●話し下手の人の特徴

・声が出ていない
・口が開いていない
・舌の動きが鈍い
・話の内容が整理されていない
・話のオチやツカミがない
・話し方に抑揚がない

●話し上手の要素

・声にボリュームがある
・口が大きく開き、発音がクリア
・滑舌がよく、聞き取りやすい
・話がロジカルに構成されている
・聞き手を惹きつける話法
・ジェスチャーや目線、間の取り方などを用いて飽きさせない話し方ができる

もしも、あなたの話し方が「話し下手」の要素に多く当てはまったとしても、心配することはありません。本に沿って1週間トレーニングすれば、「一生もののスピーチスキル」が身につくことをお約束します！

LET'S TRY!

プログラムを始める前に……

自己紹介でわかる！あなたの現在のスキルをチェックしよう

では、まずプログラムを始める前に、ぜひ挑戦していただきたいのが「自己紹介によるスキルチェック」です。

初顔合わせのミーティングやプレゼンテーション、子どもの学校の保護者会や地域の集まりなど、ビジネス・プライベートを問わずにさまざまな場面で、「自己紹介」を求められる機会があるのではないでしょうか。

そんななか「自己紹介が苦手」とおっしゃる方は、案外多いものです。その大きな理由は、「とっさに頼まれることが多く、何を言ったら良いかまとまらないうちに話し始めるから」ではないでしょうか。

シチュエーションによって、求められる自己紹介自体は変わってきます。でも、事前に自己紹介のテンプレートを作っておけば、ゼロから中身を考える必要はありません。また、急に自己紹介を求められたとしても、落ち着いて、慌てずに対処することができます。

では、どんなものが自己紹介のテンプレートになるのでしょうか？

大切なのは、次にご紹介する4つのステップ。これさえ押さえておくことができれば、自己紹介の流れとしては完璧です。

1. 所属
2. フルネーム
3. その場にふさわしい話題
4. 締めの言葉

まず、自己紹介の最初に言うべきなのは「所属」です。「株式会社○○の営業部所属の」「1年3組の○○の父親の」「1丁目のマンションに住んでいる」など、その場にふさわしい肩書きを冒頭に持ってきた後、2番目の要素となる自分の「フルネーム」を告げましょう。

3番目の「その場にふさわしい話題」ですが、これは自分、あるいは自分の所属する組織のアピールポイントを入れておきましょう。

たとえば、いろいろな会社が集まる会議であれば、「当社はこういう製品に力を入れています。社内では現在売上目標を立てていて、今月は50％達成しました」など自分の所属する会社に関連する話題を盛り込んでいきます。

また、子どもの保護者会であれば、自分のことよりも子どものことをからめた話題にするのがよいでしょう。「最近は朝のランニングが趣味になっています。子どもも一緒に毎朝早起きをして、近所を走るのが日課です」など。

4番目の「締めの言葉」は、できるだけ「ＷＩＬＬ（意志）」が含まれた未来形の発言で締めるのがベストです。たとえば、会社の会議であれば「売上目標に近づけるためにも、もっと努力を重ねていきたいです」。保護者会であれば「友達を１００人作りたいと言っているので、どうぞみなさん、うちの子どもをよろしくお願いいたします」など。

ただ、よいフレーズが思い浮かばない場合は、「よろしくお願いします」の一言で終わりにしてもいいでしょう。

この４つのステップのなかで、一番のキーポイントとなるのが３番目の「その場にふさわしい話題」です。できるだけリアルな話題であればあるほど、相手にあなたの存在を印象づけることができるはずです。あまり作り込む必要はありませんが、常に新しい人に会う際は「自分がこの場で何を言ったらいいのか」を事前に考えて準備しておくことで、自己紹介への苦手意識が薄れていくはずです。

なお、自己紹介の時間の目安としては30秒から１分くらいが理想的です。

さて、これらのポイントを踏まえた上で、ぜひ一度自己紹介を実際にやってみてください。シチュエーションは、どんなものでも構いません。

携帯電話やパソコンなどで動画を撮影しておくと、声や見た目の印象を後で客観的にチェックできます。

自己紹介をやってみた後は、次ページの「スキルチェックシート」に書き込んでみましょう。まずは、「現状」の項目に自分の気になる部分を書き込み、右側にあるひし形のグラフに現在の自分のスキルバランスを５点満点で評価してみましょう。自分では判断がつかない場合は、誰かに採点を頼んでも構いません。

相手にきちんと良い第一印象が伝わるような自己紹介が

できたでしょうか？

しっかりとクリアに発声や発音ができたでしょうか？

その場に相応しい話ができたでしょうか？

また、その他、気になる点があったら、随時書き込んでいきましょう。


「現状」の採点が終わったら、次は自分の「目標」を書き込みましょう。

たとえば、第一印象なら「もっと明るく、笑顔を絶やさないようにする」、声・発音であれば、「ハキハキと聞き取りやすい声を意識する」など、自分の反省を踏まえた上で、それぞれの分野で自分の理想や目標を書き込んでみてください。


自分の弱点を知り、強化することは、スキルアップにとって一番大切なこと。

このスキルチェックを通じて自分のウィークポイントがわかった人は、これから始まる1週間のプログラムのなかで、ぜひその部分を改善するように意識してみましょう。

自己紹介

1. 所属
2. フルネーム
3. 自分について（その場にふさわしい話題）
4. 締めの言葉

第一印象
文章構成力
スピーチパフォーマンス
発声・発音
1 2 3 4 5

スキルチェックシート

	現状	目標
第一印象		
声・発音		
内容		
その他		

この本の使い方

話し方の心・技・体を鍛える！　トレーニング計画

第１～３日目　**話し方の「体」力を手に入れる**
＝発声・発音・抑揚・強調・間

第４～５日目　**伝える「技」を習得する**
＝ロジカルスピーチ・話の展開テクニック

第６～７日目　**聞き手を動かす「心」を入れる**
＝スピーチパフォーマンス・緊張対策

トレーニング

1日5分の基礎トレーニング

❶腹式呼吸　❷口の体操　❸舌の体操

第１章で（第１～３日目）では、話し方の基礎体力作り＝発声・発音のトレーニングをします。上記①～③のトレーニングは、やればやるほど、声や発音に磨きがかかります。１日５分でかまいませんので、毎日セットで行いましょう。

やればやるほどスキルアップ！応用編トレーニング

●滑舌練習の例文集読み

巻末には、言いにくい言葉を集めた滑舌練習の例文や、表現力を磨く例文をまとめてあります。プロのアナウンサー教育でも同じような例文が使用されています。繰り返し読めば読むほど、滑舌や表現力に磨きがかかります。

声を出すときの3つのルール

❶ソのトーンで
❷笑顔の口でハキハキと
❸声とテンションは３倍

この本には、音読やフリートークの実践練習がたくさん出てきます。その際に、ぜひ常に意識しておきたいのがこの「３つのルール」です。トレーニングに限らず、会社やお店などパブリックな場で話すとき、この「３つのルール」を心がけてください。毎日の生活すべてが、話し方トレーニングの場になります。

上記トレーニングプランをマスターすれば、
きっと1週間であなたの話し方が
生まれ変わるはず。
さぁ、話し方の「体得トレーニング」を
始めましょう！

CONTENTS

CONTENTS

第1章
3日間で学ぶ！
話し方の「基礎体力」

第1日目

「発声」をマスターして
ボリュームのある
声を作ろう

第2日目

滑舌を良くして
「クリアな発音」を
身につけよう

第3日目

「表現テクニック」を
知って、生き生きとした
話し方を学ぼう

上手な話し方は「発声・発音」から始まる

第1章では、話し方の「心・技・体」のうち、「体」である発声と発音、強調や抑揚などの音声テクニックを体得していきましょう。

話し方について悩んでいるビジネスマンの方からの最も多い質問が「どうやったら部下の心をつかむことができますか？」「どうしたら緊張しなくなりますか？」というものです。でも、上手な話し方を習得したいのならば、こうした質問はまず一度脇に置いておいてください。

話し方を、1本の木に置き換えて考えてみると、「人の心をつかむ話術」「緊張しなくなるテクニック」などは、あくまで葉の部分です。

話し方の土台となる「幹」の部分は、発声・発音です。幹がしっかりしていなければ、どれだけ話し方のテクニックや知識を身につけたところで、葉はすぐに落ちてしまいます。

反対に、発声・発音がしっかりしていれば、それだけで十分上手に話をしているように聞こえます。第1章ではしっかりと話し方の基礎となる「発声・発音」を学んでいきましょう。

「木の幹＝発声・発音」がしっかりしていないと「葉＝テクニック」はうまく身につかず、いつまでも上手な話し方ができない状態に。

話し方の基礎となる「木の幹＝発声・発音」がしっかりしていれば「葉＝テクニック」はどんどん育つ！

声のできるメカニズムを知っておこう

まずは声ができるまでの道筋を、簡単に図でご紹介しながら、これから第1章で行っていただく3つの練習をご説明します。その3つの練習とは「発声」「発音」「滑舌」の3つを鍛えるもの。この3種類をしっかり鍛えられれば、話し方の基礎は十分です。

1 発声を鍛える腹式呼吸

お腹を膨らませながら、息をたっぷり吸いこみ、吐き出す呼吸方法。

2 発音を鍛える口の体操

正しく口を開いて、明瞭な母音を発音することで、口の周りの筋肉を鍛える体操。

3 滑舌を鍛える舌の体操

メリハリのある子音を出すための、舌の動きを鍛える体操。

これら3つの練習をマスターすれば、話し方が上手な人の発声イメージに近づくことができます。

第1日目は腹式呼吸、第2日目は口の体操と滑舌練習、そして第3日目は表現のテクニックをマスターしていきましょう。

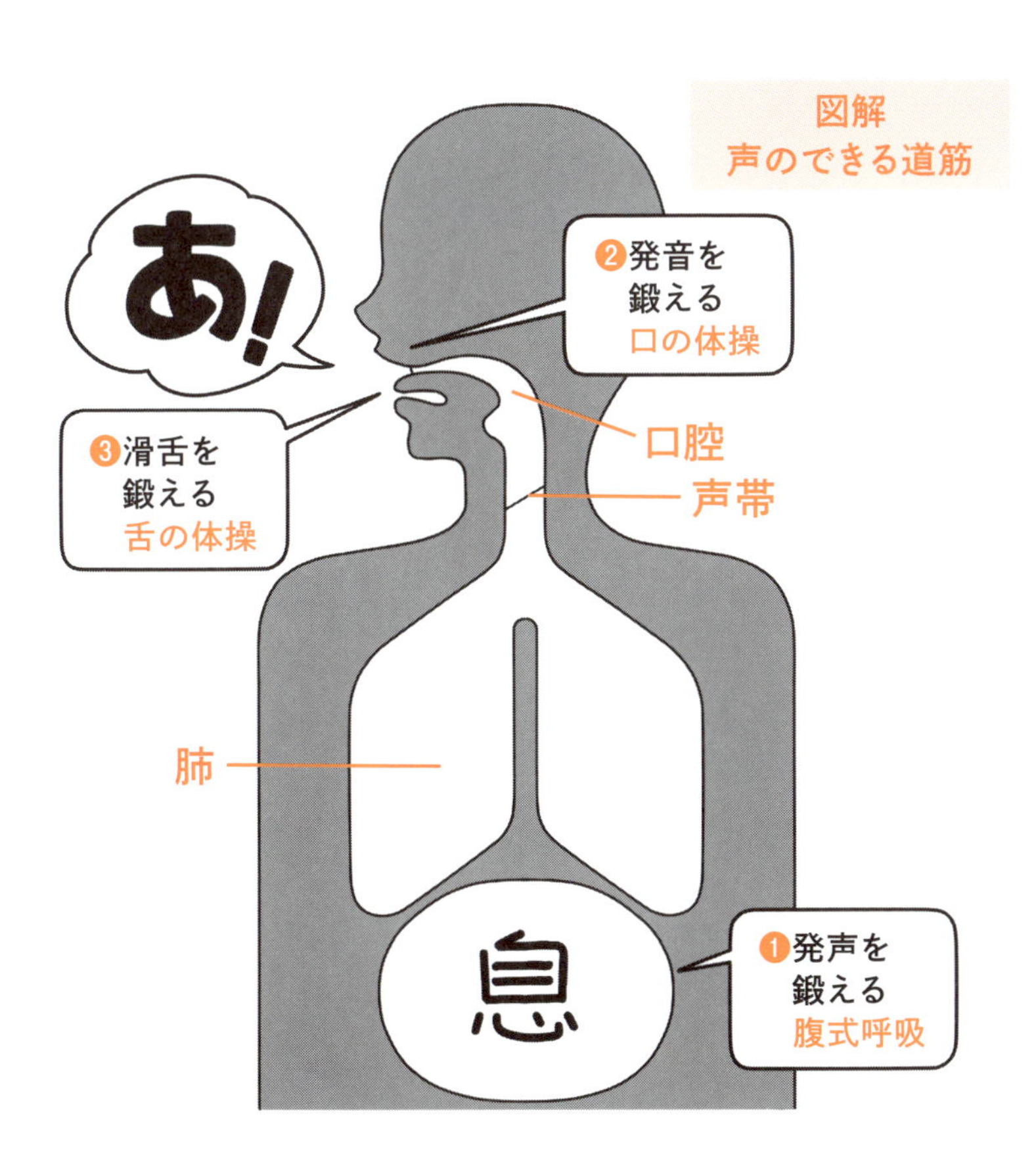

「自分の声のイメージ」を知ろう！

実際に第1章のトレーニングに入る前に、いまの自分の声質について知っておきましょう。声質は、その人自身のイメージを作る大切な要素です。たとえば、小さめで高いトーンの声の人は優しく女性らしい印象を相手に与えますし、落ち着いたトーンの声の持ち主は落ち着いて見えるもの。

下記の図を参考に、自分の声は他人にどんな印象を与えているのか。また、自分が理想とする声はどんな声なのかを、チェックしてみてください。

声は元来生まれ持ったものではありますが、日ごろから意識することで、自分の理想の声に近づけることは可能です。

下記の図を参考に、あなたの声のイメージをチェックし、理想の声に近づくためにはどんな点を改善したらよいのかを知っておきましょう。

●それぞれの声が持つイメージとは?

明るく爽やかな声 → フレッシュ声タイプ
柔らかく優しい声 → ソフト声タイプ
元気で前向きな声 → エネルギッシュ声タイプ
芯があり力強い声 → ストロング声タイプ
落ち着き、信頼感がある声 → ワイド声タイプ
シャープで説得力がある声 → メリハリ声タイプ

●声が与えるイメージ

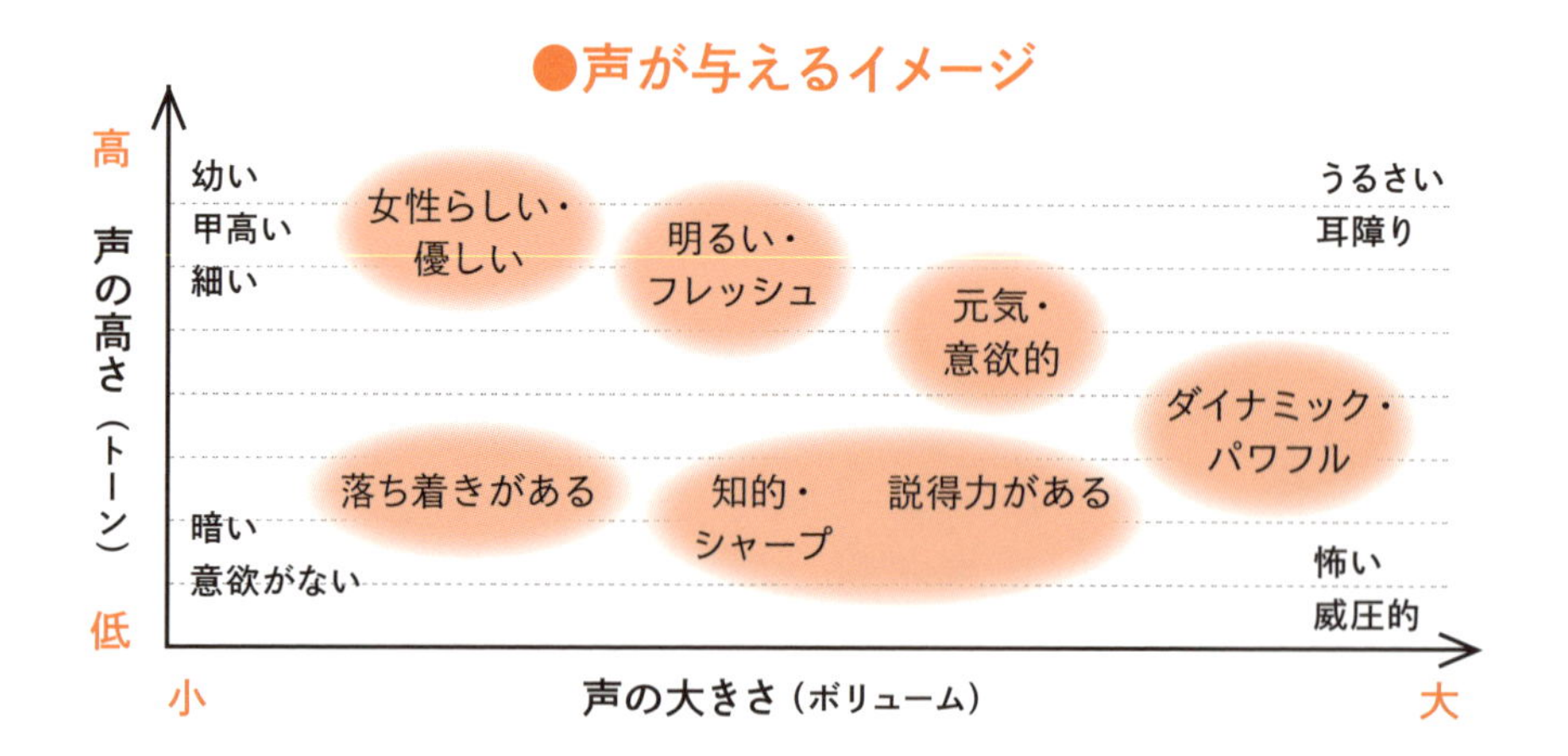

●声のスキル・タイプチェック

いまのあなたの声のイメージは ［　　　　］ です

あなたの理想の声は ［　　　　］ です

第1日目

「発声」をマスターして ボリュームのある 声を作ろう

あなたは普段自分の「声」を意識したことがありますか？
声が人に与える印象は非常に大きなもの。
声が小さいというだけで、
「保守的・暗そう・おとなしい・繊細」といった
ネガティブなイメージを持たれてしまいます。
一方、声が大きいというだけで、
「器が大きい・明るい・面白い・おおらか」など、
ポジティブな印象を抱いてもらえます。
第１日目となる今回は、ぜひ正しい発声をマスターして、
ボリュームのある魅力的な声の作り方を学びましょう！

EXPERIMENT

実験①

あなたの「言霊度」をチェックしてみよう！

これまでに「自分の声にはどのくらいのパワーがあるのか？」について、考えたことはありますか？　そこで、1日目の実験では、「あなたの声のパワーはどのくらいあるのか？」を実験してみましょう。

実験手順

1 後ろを向いている人が数人並んでいる状況で（できればあなたからの距離が同じくらいの人たちを選びましょう）、心の中で、その中のひとりにターゲットを決めましょう。

2 名前は呼ばずに「すみませ〜ん！」とターゲットの背中に向かって呼びかけます。

3 声をぶつけたターゲットは振り向きますか？　それとも振り向きませんか？

（診断結果は、左ページで確認してみてください）

実はこの実験は、アナウンサーの新人研修で実際に行われているトレーニングです。

KEE'Sの研修では、この実験のことを「言霊実験」と呼んでいます。

「言霊」とは、言葉のなかに内在する、不思議なパワーのことを意味します。

言葉は、単なる音声表現ではありません。声の持つエネルギーを、その言葉に託すことで、初めて伝わるものなのです。

一瞬、単なる感覚的なものじゃないかと思ってしまうかもしれませんが、実はこのやり方は、聞き手に想いを伝えるのに、とても効果があります。騙されたと思って、スピーチやプレゼンのときも「声のエネルギーを前に飛ばす話し方」を意識してみてください。

きっと、普段よりもあなたの伝えたいことが、相手に伝わりやすくなるはずですよ。

【手順】

1. 数人が後ろを向いている状況で、ターゲットを決める。
2. ターゲットの名前を呼ばずに「すみません！」と声をかけてみる。

CHECK!「言霊実験」診断結果

ターゲットだけが振り向いた場合	言霊度100点
ターゲットを含め、他の人も振り向いた場合	言霊度80点
ターゲット以外の人が振り向いた場合	言霊度40点
誰も振り向かない場合	言霊度0点

COMMENT
解説①

相手を居心地よくさせる声の出し方を知ろう

空間を「あなた色」にする最強の武器は？

仮に空気に色がついていたとしたら、あなたの出す声で、まわりの空気を「あなた色」に染め上げてみたいと思いませんか？

たとえば、響く声を持つ人と話をしているときは、なにかに包み込まれているようで、とても居心地がよいものです。これは、その人の声があなたの周囲の空気を振動させているから。

声は空気の振動です。ボリュームのある声は、その場の空間を「あなた色」に染め上げる最強のコミュニケーションツールになってくれるのです。

では、周囲を魅了するような、ボリュームのある声を出すにはどうすればよいのでしょうか？

その答えは、声を出すときに、息をできるだけたくさん出すことです。全身を使って、体中から空気を吐き出すつもりで、大きく口を開けて息を吐き切る。そこで吐き出された多くの息が、空気を振動させ、ボリュームのある魅力的な声を出すことができるのです。

この呼吸法を「腹式呼吸」といいます。

アナウンサーはもちろん、歌手や舞台俳優、落語家など、「声」を生業とする人ならば、誰もが知っている呼吸法です。この方法を使えば、声帯を痛めずにのびやかでパワーがある声を出すことができます。

プロが使う難しい呼吸法のように感じるかもしれませんが、寝ているときや、大きなため息をつくときは、誰でもこの腹式呼吸を使っています。ある有名歌手が、「高い声を出すには、息を思いっきり吸って吐くことよ」と言っていましたが、それは話すときも同じこと。リラックスして腹式呼吸を意識しながら、歌うように話すと、誰でも楽にボリュームのある声が出せるようになるはずです。

Let's TRY!

魅力的な声を出すために誰でもできる腹式呼吸

❶まず、床に寝転んでください。
❷おへその下に手を当て、寝ているときのように静かに鼻から息を吸い込みましょう。
❸呼吸をする際は、肺ではなく、お腹から先に膨らむように息をためます。その後、口からゆっくり息を吐いていきましょう。

まずは、平らなところに寝転んで、
腹式呼吸を実践してみましょう。

ポイント

・腹式呼吸はよく響く声を出すための一番の近道！
・声帯を痛めず、伸びやかな声を出すことが可能。
・腹式呼吸は寝ているときやため息をつくとき、誰もがしているもの。
・プロのアナウンサーにしかできない難しいものではない。

TODAY'S TASK
今日の練習①

腹式呼吸をマスターしよう！

1週間で美声になる発声練習

発声と発音は、話し方の基礎体力をつかさどるもの。腹式呼吸を、毎日、1秒でも長く続けられるよう練習していると、1週間続けただけで、みるみるうちに自分の声に自信がついてくるはずです。ここからは、みなさんに毎日実践してほしい基本の発声練習をご紹介します。

その1　息だけの発声練習（目標・毎日×2セット）

1 正しい姿勢で立ち、体の中の息をすべて吐き出します。
2 鼻から息を吸い、おへその下に息をため込みます。
3 お腹が息でいっぱいになったら、胸にも息をため込みます。「もう息が入らない！」と思ったところまで息が入っても、さらにもう一呼吸でも入るように頑張りましょう。
4 「す〜っ」と声を出さずに、体に力が入らないようにリラックスしながら細い息を吐いていきます。
5 おへそと背中がくっつくくらいお腹をへこませ、すべての息を吐き切ったら、2にもどって、もう一度息を吸いましょう。

以上2〜5を1セットとし、毎日2セット以上は練習しましょう。

その2　声を乗せる発声練習（目標・毎日×4セット）

続いてご紹介するのが「声を乗せる発声練習」です。先ほどの「息だけの発声練習」を2セット行ったら、同じ順序で1〜3までを行い、4の息を吐くところで「す〜っ」と、声を出さず息だけを吐き出すかわりに、「あ〜」と声を乗せてみて、どのくらい声が続くかタイムを計ってみましょう。

なお、声は無理に張り上げずに、体の中でドラム缶を響かせるようなイメージを心がけていくと効果的です。

さて、あなたは何秒声が続きましたか？

なお、平均秒数は
・大人の男性なら20秒前後
・大人の女性なら15秒前後
が目安になります。

息だけの発声練習

おへその下に手を置いて、お腹をへこませたり膨らませたりしながら、息の出入りする様子を確認してみましょう！

発声練習の姿勢

- 足は肩幅に開く。
- 肩の力を抜く。
- 腕や指は自然に下に垂らす。
- 背筋はまっすぐ。
- お腹は突き出さず、引っ込める。

声を乗せる発声練習

体の中でドラム缶を響かせるような気持ちで、「あ〜」と声を乗せていきましょう。

今日のタスク

1週間で、ボリュームのある声に近づくための腹式呼吸

❶息だけの発声練習／毎日２セット
❷声を乗せる発声練習／毎日４セット

人前で話すときには3つのルールで本番モードに切り替えを！

知っておくと緊張が和らぐ魔法のルール

プレゼンテーションや講演などパブリックな場でスピーチをするときは、普段の日常会話のモードから、本番モードへとスイッチの切り替えが必要になります。頭ではわかっていても、人前に出ると、どうしても緊張してしまい、なかなか切り替えがうまくいかないものです。

でも、事前に「こうすれば堂々として見える」というルールを知っておくだけで、自分に対して自信が持て、緊張を和らげることができるようになります。そこで、今回は私が研修をするときに、必ず冒頭で話している「話し方の印象が変わる3つのルール」をご紹介していきたいと思います。

1 ソのトーンを意識する

まず、3つのルールのうちの1つ目。それは、『ソ』のトーンを意識する」というものです。この「ソ」とは音階のドレミファソの「ソ」のことです。

なぜ、「ソ」なのかというと、この音は、人が「嬉しい」「楽しい」と感じたときに、発する音。このトーンの声を聞くと、脳が勝手に「なにか嬉しいことがあったのかな？」と騙されてくれるので、自然と自分自身の気分も引っ張られて、明るい気持ちになっていくため、気分を切り替えられるのです。

では、どうやって「ソ」のトーンを探せばいいのでしょうか？　まず、小声でそっと「♪ドレミファソ～」と歌ってみてください。そのとき、出てきた音「ソ」の音に合わせてみればいいのです。仮に声が低い人でも、自分の音階で無理せずに出せる範囲の「ソ」でかまいません。

一見簡単そうに思えますが、安定して「ソ」の音を出すためには、お腹にかなり力を入れる必要があり、いきなりやろうとしても、なかなかスムーズに声を出すことができないのではないでしょうか。そこで大切なのが、日ごろのトレーニング。たとえば、毎朝「おはようございます」と挨拶するときから、ぜひ「ソ」のトーンを意識してみてください。こうしたトレーニングを毎日行うことで、「ソ」のトーンを安定して出せるようになるはずです。

ちなみに、挨拶するときは、ぜひ口角をあげてニッコリとした笑顔をキープして。声も表情も一気に「よそゆき」になって、その日一日のテンションも上がるはずですよ。

2 口をハキハキあけて話す

続いては、2つ目のルール「笑顔の口でハキハキと」です。口を大きくあけてハキハキと話すようにすると、見た目の印象だけでなく、声の印象も明るくなります。

人前で話すときや、商談のときなどパブリックな場で話す際には、いつもより、ゆっくりと一音一音丁寧に発音するつもりで、口を大き目にあけて動かしましょう。携帯電話などで録音して、チェックすると、自分がどんな声で話しているかよくわかります。

きちんとクリアな音で母音が発音できているようならば、口が大きくあいている証拠です。一方、少し音がこもっているようだと、まだ口のあけ方が十分ではないということ。なお、口を瞬時に大きくあけるためには、口の周りの筋肉の働きが非常に重要になってきます。いつでも大きく口をあけてハキハキと話ができるように、日ごろから口周りの筋肉をしっかりと鍛えておきましょう。

3 テンションは普段の3倍に！

人前で話をするときには、見た目や表情だけでなく、「心のテンション」を整えることも大切です。目安としては、「人前で話をするときは、普段の3倍のテンション」が理想的です。

たとえば、自分が独り言を言うときが「テンション1倍」だとすると、誰かと話をしているときが「テンション2倍」。そして、グループなど大人数の人に向かって話をするときのテンションが、「テンション3倍」です。

「テンションを上げるのが苦手だ」という人は、自分が嬉しかったときの状態を覚えておいて、瞬時にテンションが高い状態を再現できるようにしておくのがおすすめです。

なお「テンションが高い＝大きな声で陽気に話をすること」だと思ってしまいがちですが、必ずしもそういうわけではありません。たとえばＮＨＫのアナウンサーの話し方を思い浮かべてみてください。決して陽気なわけではありませんが、メッセージがきちんと伝わってきます。それは、テンションを高めてはいるものの、感情を抑え、相手の人が聞き取りやすい低めの声を保っているからこそ。

いかがだったでしょうか？　この3つのルールを徹底するだけで、緊張が和らいで、瞬時に印象が変わるはずなので、ぜひ試してみてくださいね。

第1日目

KEE'S
アフタートーク

腹式呼吸での発声はフルスイング、普段の会話はパットをイメージ！

まずは１日目、お疲れ様でした！

体全体を使って声を出す「腹式呼吸」のコツは、わかっていただけたでしょうか？

腹式呼吸について、生徒さんからいただく質問として多いのが「話をするときは、いつもお腹をへこませて話さなければいけないのですか？」「１対１で話すときにこんな発声をしたらおかしいのでは？」というものです。

たしかに、普通の会話のときに腹式発声全開の声を出し続けていたら、少し声のボリュームが大きすぎて、違和感を持たれてしまうかもしれません。

でも、実は私たちアナウンサーは、声を出すときはいつでも腹式発声を使っています。その理由は、一度全力の腹式発声を覚えてしまえば、あとはシチュエーションに応じて、簡単に声のボリュームを調整できるからです。

腹式発声を、ゴルフのスイングにたとえて考えてみてください。

ゴルフには、力いっぱい振りぬくフルスイングもあれば、アプローチやパットもありますが、「振り方」の原理は一緒です。これは、腹式発声についても、同じことが言えます。

１人対50人のスピーチがフルスイングの発声と考えるならば、１人対５人はアプローチ、１人対１人はパットくらいの振り幅で……と、話す場面において、声の調整をしていけばいいのです。

腹式発声を一度マスターしてしまえば、声帯を絞るようにむりやり大きな声を出す必要はありません。腹式発声は、「声を出す」というよりは、たくさんの息に軽く音を乗せ、聞く人を包み込むようなイメージに近いです。まさに「歌うように話す」という表現がぴったりで、声帯にも負担をかけない上、聞いている人にも心地よさを与えるツヤのある声を出すことができます。そのためには、まずフルスイングでの腹式発声を覚えること！　そうすれば、いつでも自由自在に場面に応じて、声を調整することができるはずです。

ポイント

フルスイングの腹式発声を覚えておけば、シチュエーションに合わせて声量を調整し、ツヤのある声を出せるようになる！

第２日目

滑舌を良くして「クリアな発音」を身につけよう

誰が聞いても、クリアで聞き取りやすい発音が
できるかどうかで、相手に与える印象は180度変わります。
聞き取りにくい発音でもごもごと話をする人は、
「暗そうな人・野暮ったい」という
近寄りがたい印象を与えがちです。
でも、滑舌が良くてはっきりとした発音ができる人は
「明るい人・聡明そう・仕事ができる」という
洗練された印象を抱かれます。
２日目は、正しい滑舌や発音方法を身につけて、
美しい発音を手に入れましょう！

EXPERIMENT
実験①

自分の「舌年齢」をチェックしてみよう！

クリアな発音のためには、スムーズな舌の動きや口周りの筋肉が必要になります。自分の舌がどのくらい動くのかを知るために、次の実験に挑戦してみてください。

実験手順

1 アゴの下に、本やノートなどを添えて、アゴを固定させましょう。
2 アゴを動かさずに、舌だけを使って「ラララララ……」と発音してください（左図参照）。
3 どれだけ速く舌を動かすことができるでしょうか？

（診断結果は、左ページで確認してみてください）

どうでしょうか？

実験を行った際に、スムーズに速く発音できた人は、舌年齢がまだまだ若い証拠です。

反対に、舌が歯の隙間から前に出てしまったり、舌が極端にこわばってしまう場合は、あなたの舌の動きがかなり鈍化している可能性が高いです。

冒頭でもお話ししたように、発音を良くするためには舌などの口周りの筋力が不可欠になります。

「話し方の筋力」を衰えさせないために、話し方のプロであるアナウンサーも、舌の動きや口の開け方がスムーズになるようにと練習例文を繰り返し読んだりして、本番に備えることもあります。

スポーツと同じで、日ごろから口周りの筋肉を使って話をしないと、話し方の筋力は衰える一方です。ただ、逆に言えば筋トレと一緒で、鍛えることで、筋力を強化することはできるのです。

【手順】

❶本などでアゴを固定する。

❷「ラララララ……」と発音してみる。

★チェックポイント

・舌はもつれていないか？
・舌が歯の隙間から前に出ていないか？
・舌がこわばっていないか？
・「ラ」の発音がくもって「ダ」に聞こえていないか？

CHECK! 「舌年齢実験」診断結果

●**スムーズに速い口調で「ラララ……」を言うことができる …… 舌年齢 20代**

あなたの舌年齢はかなり元気と言えそうです！
今後もその明瞭な発音をしっかりキープしていきましょう。

●**速くはないが、舌をもつれさせずに発音できる …… 舌年齢 30代**

明瞭な発音はできるけれども、少し筋力が衰えつつあるのかも。
若さを保つために、エクササイズに取り組みましょう。

●**舌がもつれる、発音のたびにアゴが動く …… 舌年齢 50代**

口周りの筋力が低下してしまっているようです。
この後のエクササイズで口周りの若さを取り戻しましょう。

●**「ラ」が不明瞭で「ダ」に聞こえる …… 舌年齢 70代**

かなり舌年齢が衰えてしまっているかも……？
発音練習でしっかり鍛えなおしましょう！

COMMENT

解説①

アナウンサーの発音はなぜ美しいのか？

発音ひとつで、なぜそんなにも相手に与える印象が変わるのか。そこには明確な理由があります。

たとえば、みなさんは「おはようございます」と正しく発音できますか？

ハキハキとした明瞭な発音で「おはようございます！」と言われるのと、若者に多い「はよ～ざぁいま～す」と音をつなげて話す発音では、相手に与える印象はまったく違って感じるのではないでしょうか？

実は、この2つの発音には決定的な違いがあります。

・ハキハキした挨拶

（おはようございます／ohayougozaimasu）

・音をつなげて話す挨拶

（はよ～ざぁいま～す／hayozaimasu）

両者を見比べてみてください。そこには抜け落ちている音があることに、お気づきになりましたか？

ここまで極端な違いではないにせよ、実はほとんどの人には「脱落音」と呼ばれる、抜け落ちている音があります。この脱落音があると、だらしなくて、不明瞭な話し方のような印象を与えてしまうのです。

アナウンサーの発音が、美しく、聞き取りやすいのはなぜか。それは、脱落音がないように、母音（a i u e o）をしっかり発音するように教育されるからなのです。

母音とは、すべての音に見えない形でくっついている陰の音のこと。たとえば、「おはようございます」という一言ならば、左記の赤字の部分が母音になります。

o
ha
you
go
zai
ma
su

「母音」に注意して、粒ぞろいの発音を

習字でそれぞれの文字の大きさがそろっているときれいに見えるように、話し方も「音の粒がそろっている」と美しく聞こえます。アナウンサーの発音もそれと同じこと。母音をしっかりと、一音一音、粒をそろえて発音するように心がけることで、明瞭で知的な印象を相手に与える話し方ができるのです。

一般人とプロの発音の違いとは？

脱落音がある発音

- 発音が不明瞭。
- 聞き取りにくい。
- だらしなく聞こえる。

ハキハキとした発音

- 発音が明瞭。
- 音の粒がそろっている。
- キチンとして聞き取りやすい。

例

ha yo zai ma su

o ha you go zai ma su

足りない音があると、発音が不明瞭に聞こえます。脱落音がないように、しっかりと一音ずつの母音を発音しましょう！

EXPERIMENT
実験②

ひょっとこ顔実験で筋肉量をチェックしよう!

あなたの口の筋肉は何歳ですか?

美しい発音をキープするためには、舌の筋力だけでなく、口周りの筋肉もとても大切です。

さて、ここであなたが、口周りの筋肉をどのくらい動かせているかを試すため、次の実験にぜひ挑戦してみてください。

実験手順

1 鏡を持ち、「ひょっとこ」のように、右の口角だけを引き上げてみてください。
2 同じように、左の口角だけを引き上げてください。
3 左右どちらも、同じように引き上げられましたか?
(診断結果は、左ページで確認してみてください)

左右どちらも同じくらいの高さに引き上げられるという人は、口の周りの筋肉が十分あると思っていいでしょう。

でも、「左右一方の口角が十分に上がらない」「両方の口角が上がらない」という人は、ちょっと注意が必要です。

なぜなら、ほかの体の筋肉と一緒で口の周りの筋肉は、年を取るごとに退化していくもの。

年を取るごとに顔の表情が寂しくなるのも、筋肉が衰えて、口角が下がってくるせいなのです。口の周りの筋肉を鍛えれば、発音だけでなく、二重アゴやブルドッグ顔になるのを阻止したり、頬の位置が高くなったり、笑顔が若々しくなったり……といった、さまざまな見た目の若返り効果も期待できます。

また、筋力が鍛えられ、口角が自然と上がりやすくなることで、普段から明るい印象を抱かれやすくなるはずです。

ぜひ日ごろから、「口周りの筋肉」についてもトレーニングをしてみてくださいね。

Let's TRY!

柔らかい口元を作る！ひょっとこ顔実験

❶鏡と向かい合いながら、ひょっとこのように片方の口角を上げてみる。
❷反対側の口角も上げてみる。
❸左右両方の口角が引き上がっているかチェックしてみる。

口周りの筋肉を鍛えると、こんな効果がアリ！

- 二重アゴや　ブルドッグ顔になるのを防止する。
- 頬の位置が高くなる。
- 笑顔が若々しくなる。
- 口角が上がって、明るい印象を人に与えるようになる。

CHECK!

「ひょっとこ顔実験」診断結果

左右どちらの口角も平均して引き上げられた人 …………… 口の筋肉年齢 10 代

片方の口角はスムーズに引き上げられた人 …………… 口の筋肉年齢 30 代

どちらもまったく上がらなかった人 …………… 口の筋肉年齢 50 代

COMMENT
解説②

伝わりやすい発音&滑舌を作るには?

訓練次第で誰でも明瞭な発音を作れる

さて、ここまで舌の動きと口を開ける際に必要になる口周りの筋肉をテストする2つの実験をご紹介してきました。第1日目では「明瞭な発声をするためには、腹式呼吸でためたたっぷりの息を吐き出すことが大切」だとお伝えしましたが、そこで吐き出した大量の息に、口の開け方と舌の動きが加わることで、「音」になります。

せっかく腹式呼吸でたくさんの息を取り込んでも、吐き出すときに出口となる口の開きが小さいと、息が少ししか外に出ません。

口に布団をかぶせて、「あー!」と声を出しているところを想像してみてください。

周囲に何の覆いもないときに比べると、音がまったく響かないし、なんとなくこもったような声になってしまいませんか?

声を出すときに口の開きが小さい状態というのは、布団をかぶって声を出しているのと同じ状況です。唇が布団のように上の歯にかぶさってしまうので、聞き取りづらい「モゴモゴ発音」になってしまいます。

また、話すときの開いた口の大きさだけでも、人の印象はまったく変わります。口の開きが小さい人は暗い印象を持たれがちですし、反対に大きく口を開けながら話す人は明るい印象を抱かれやすいです。

そこで、次のページからは、話すときに口を瞬時に大きく開けられるようにするために、口の筋肉を鍛える体操と、舌の動きを滑らかにしてどんな言葉を発しても聞き取りやすい発音になるトレーニングをご紹介します。ぜひ、挑戦してみてください。

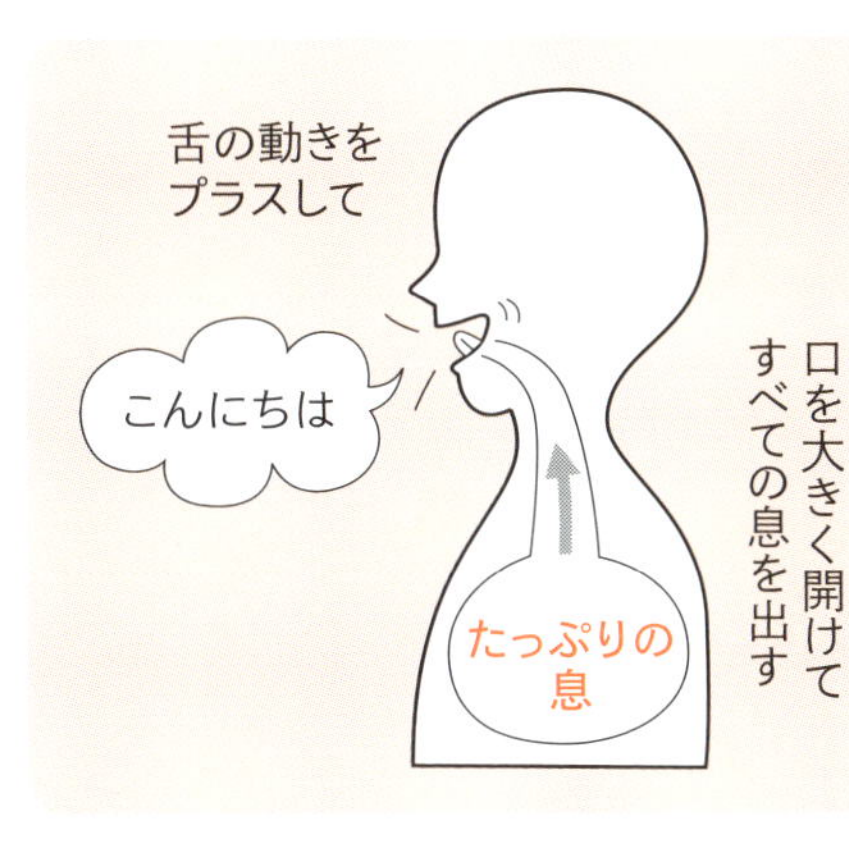

聞き取りやすい声が出るメカニズム

1日目で練習した腹式呼吸で取り込んだたっぷりの息を、滑らかに舌を動かしながら、口を大きく開けて吐き出すことで、クリアな発音が可能になります。

口の開き方で、人の印象はこんなに変わる！

大きく口を開くのか、小さく口を開くのかだけで、人に与える印象は大きく異なります。鏡を見ながら、「おはようございます」と言ってみましょう。あなたの口の開きは、下にあるイラストのどちらに近いでしょうか？

明るい・好印象

口を大きく開けて「あ」と発音。

上の歯を見せるつもりで「こんにちは」。

暗い・不機嫌そう

口を３分の１だけ開けて「あ」と発音。

下の歯を見せるつもりで「こんにちは」。

TODAY'S TASK
今日の練習①

聞き取りやすい発音を作る口の体操

1週間で美声になる発音練習

聞き取りやすい発音を作る上では、スムーズに口を動かす筋力が欠かせません。そこで、毎日実践できる簡単な口周りのトレーニング方法をご紹介します。

口の体操（目標・毎日1分以上）

1 首筋や肩の力を抜いて上半身がリラックスした状態を作りましょう。このとき、座っていてもかまいません。

2 口をめいっぱい開けて、実際に声を出しながら「あ」「い」「う」「え」「お」……を1分以上繰り返します。これにより、口の周りの筋肉が鍛えられます。

なお、トレーニングを実践するときのポイントとして、次のようなものがあげられます。

ポイント

●口は大きくしっかりと開けましょう。目安としては、口の周りの筋肉が痛くなるくらいが望ましいです。

●顎関節を痛めないように、口の周りの「筋肉」だけ動かすよう意識しましょう。

●次の音に移るとき、口をいったん閉じず、続けてそのまま次の音の発声に移ると、さらにトレーニング効果がアップします。

毎日1分以上続けられれば、口周りの筋力アップがかなり期待できると思います。より高い成果を出すためにも、ぜひこれらの点に注意してみてくださいね。

Let's TRY!

鏡の前で自分の口の開き方をチェックしてみよう！

自分では「たくさん口を開けている」と思っていても、
いざ鏡で見てみると全然口が開いていないこともありえます。
相手に好印象を与える明るい話し方を実践するために、
口の筋肉は欠かせません。口の体操を行うときには、
下記のイラストのような口の形を意識してみましょう。

口の四隅をいっぱいに広げる。

口を横いっぱいに引く。

唇をつぼめて突き出す。

口角を横一文字に引き、下唇の先が
逆三角形の頂点にくるように突き出す。

縦長の楕円形になるように
唇を広げる。

●あいまいになりやすい発音のコツ

サ行	「さっ、しっ、すっ」と 上下の歯の隙間から息を勢いよく出す。
マ行	「んま、んみ、んむ」と 上下の唇の摩擦を意識しながら開ける。
パ行 (バ行)	「パッ、ピッ、プッ」と 破裂させるように強く発音する。

聞き取りやすい発音にするためのポイント

サ行・マ行・パ（バ）行など、あいまいに聞こえやすい音には、発音時のコツがあります。唇や舌、息の出し方など、それぞれの音の特徴を意識し、丁寧に発音すると、聞き取りやすい発音になります。ぜひ、参照してみてください。

TODAY'S TASK
今日の練習②

毎日できる舌の体操

なめらかな舌の動きを手に入れる「舌の体操」

クリアな発音には、柔らかい舌の動きも大切です。先ほどの「口の体操」に加えて、やっていただきたいのが「舌の体操」。次に毎日簡単にできる舌の体操をご紹介します。

舌の体操（目標・毎日1分以上）

1 本やノートで、アゴを支えます。

2 固定したアゴを動かさず、舌だけを動かして、「ラララララララ」「リリリリリリリ」「ルルルルルルルル」と、発音してみましょう。

練習用例文

【ラ行】「ラララララララ、リリリリリリリ、ルルルルルルルル、レレレレレレレ、ロロロロロロロ」

【タ行】「タタタタタタタ、チチチチチチチ、ツツツツツツツ、テテテテテテテ、トトトトトトト」

【ナ行】「ナナナナナナナ、ニニニニニニニ、ヌヌヌヌヌヌヌ、ネネネネネネネ、ノノノノノノノ」

1週間、毎日この練習を続ければ、口の筋肉が鍛えられ、舌の動きがどんどんスムーズになっていきます。

慣れないうちは難しいかもしれませんが、できるだけ音をつなげずに、一音ずつはっきりと発音するように意識しましょう。また、最初はゆっくりでも構いませんが、慣れてきたら、徐々にスピードアップしていきましょう。

「舌の体操」は、前ページでご紹介した「口の体操」と同様、クリアな音を作るために欠かせない基礎トレーニングです。この2つの練習を毎日徹底することで、なめらかな発音を手に入れられるはず。

テレビを観ているときなどのスキマ時間を利用して、ぜひ実践してみてください。慣れてきたら、アゴを固定する本を使わなくても大丈夫です。一番大切なことは、とにかく毎日継続すること。着替えをするときや家の掃除をするときなど、ご自身の生活パターンに合わせて、日々の習慣にしていきましょう。

Let's TRY!

クリアな発音に近づくための舌の体操

❶本などでアゴを固定する。
❷アゴが動かないように舌だけを動かして、右ページの例文を発音してみる。

ポイント

・音を発音するときは、舌先で軽く上アゴをはじくように上下に動かしてみましょう。
・できるだけ一音一音をクリアに発音しましょう。
・慣れてきたら、徐々にスピードアップを！

今日のタスク

聞き取りやすい発音に近づくための口の体操と舌の体操

❶口の体操／毎日１分以上
❷舌の体操／毎日１分以上

口や舌を大きく動かすだけで見た目や印象が若返る！

英語などに比べると、日本語は口をしっかり開けなくても発音できる言語です。そのため、会話をするときに、口や舌を大きく動かさずに話をする日本人が非常に多いようです。

実は、口を大きく使って、舌をたくさん動かしていると、いろいろと良いことがあるということを、ご存じでしょうか？

1 発音の音が若々しくなる

試しに、「こんにちは」という単語を、口を半開きにした状態と、口を大きくハキハキと動かした状態で、言い比べてみてください。あいまいな口の動きだとどんよりとした声になりますが、大きく口を開けて発音すると、明るく、若返った声になりませんか？

声は、その人の印象を大きく左右するもの。だから、口をしっかり動かさないとこもった音になり、あなたの印象を老け込んだものにしてしまいます。一方、大きく口を開けて声を出すだけで、ぐっと若返った印象を与えることができるのです。

2 見た目のアンチエイジングに

大きく口や舌を動かさない状態が続くと、声だけではなく、見た目の老け込みにもつながります。口の周りの筋肉は使わないでいると、どんどん衰えてしまいます。すると、口角をきゅっと上げるのも難しくなり、頬の肉が垂れ下がり、「への字口」に。老けて見える上、機嫌が悪そうに見えます。

逆に言えば、口や舌の動きが活発になればなるほど、顔の筋肉が動き、アンチエイジングにもつながります。いつまでも若々しい表情を保つために、口や舌の動きを活発にしましょう！

3 頭の回転が良くなる

舌の動きは脳の動きと密接な関係があると言われています。見た目だけでなく、脳のアンチエイジングにもなるのです。

4 英語の発音が上達する

日常的に英語を使うビジネスパーソンのなかには、「文法やボキャブラリーは完璧なのに、発音がいつまでもうまくならない」という人もいるのではないでしょうか。実は、英語の発音が良くない原因に、舌や口の動きが関係していることがあります。

英語は日本語に比べると、唇や舌をフル活用して発音する言語です。日々滑舌練習を行ったり、口を大きく開けて動かすことを習慣づけていくことで、日本人には発音しづらいといわれる英語の「th」や「r」「m」などの発音が改善されていきます。

5 カラオケがうまくなる

滑舌練習のメリットとしてもうひとつ挙げられるのが、「カラオケがうまくなる」という点です。プロの歌手は自分の声だけでなく、「口の開け方」や「舌の動かし方」にも気を配っています。音階はとれているのに、上手に聞こえない……という経験をしたことがある人は、ぜひこの2つのポイントに注意してみてください。

口と舌をはっきり大きく動かして、発音することによって、歌詞の表現力が格段にアップするはずです。

なお、カラオケで歌うときには、口を大きく開けて、腹式呼吸を意識して歌うようにすると、話し方の訓練にもなります。カラオケを楽しめる上に、話し方も上達する。まさに一石二鳥のトレーニングになりますよ。

6 第一印象が良くなる

発音と滑舌は、話し手のパーソナリティなど全体の印象までを大きく左右します。舌を上手に動かして、ハキハキと話すことができる人は、性格までキビキビしているような印象を受けます。

実際、アナウンサーの場合、女性でも割と豪快で男性的な人が多いのですが、キチンとした話し方をするせいか、いつでも品があって、理知的な印象を持たれやすくなります。

さて、ここまでご紹介してきたように、滑舌の練習をすることは、話し方以外にも、様々なメリットがあります。1日2分間でいいので、ぜひやってみてください。

簡単な方法としては、左記のようなものが挙げられます。

・新聞を一音一音はっきり音読する。
・本を読むときに、気持ちをこめて声に出して読んでみる。
・「外郎売（ういろううり）」（巻末の練習文を参照）など、発音練習文をつっかえないように読み上げる……など。

これらの練習をしてみると、いままで自分の舌を使ってこなかった……ということに気付くはずです。腹式呼吸の練習と一緒で、継続して動かしていくことで、口や舌の筋肉もどんどん発達していきます。ぜひやってみてください。

第2日目

KEE'S
アフタートーク

ただ「話す」だけとは大違い！ パブリックスピーチのルール

「パブリックスピーチ」という言葉を聞いたことはありますか？　これは、ビジネスや公の場でのスピーチなどで、友達や家族と話すときの話し方「プライベートスピーチ」とは大きく異なります。

どちらも同じ「話す」という行為ではありますが、プライベートスピーチとパブリックスピーチの間には、「散歩」と「競歩」くらいの違いがあります。

仮に幼い頃から毎日歩いていたからといって、練習なしに競歩の大会に出ようとは誰しも思わないのではないでしょうか？　スピーチのトレーニングをせずにビジネスの場で話をすることは、練習せずに競歩の大会に出るのと同じこと。

パブリックスピーチがプライベートスピーチと一番異なるのが、「一定の時間のなかで、参加者全員に、一定の認識を持ってもらわなければならない」というルールがある点です。友人や家族と話をしているときであれば、多少聞き取れない言葉があっても、言い直すこともできますし、途中で相手に「今の話わかった？」と確認することもできます。

ですが、会議での報告やプレゼンなどのパブリックな場では、いちいち参加者に「自分の言葉は聞き取れますか？」「いま話をしていることの意味はわかりますか？」などと確認することはできません。

特に私たちアナウンサーは、年齢や性別、理解力も異なる何十万人もの視聴者に向けて「一定の時間内に、参加者全員に、一定の認識を持ってもらう」ような話し方を求められています。

その上で私たちがパブリックスピーチをするときに大切にするのが、第１日目でご紹介した「話すときの３つのルール」です。

①声のトーンは「ソ」
②笑顔の口で、ハキハキと
③声とテンションは３倍

ぜひ、「パブリックスピーチには、普通の会話とは違うルールがある」ことを、覚えておいてくださいね。

ポイント

パブリックスピーチでは「声のトーンは『ソ』」「笑顔の口で、ハキハキと」「声とテンションは３倍」の３つのルールを忘れずに！

第3日目

「表現テクニック」を知って、生き生きとした話し方を学ぼう

同じ文章を読み上げるにしても、
イントネーション（抑揚）やポーズ（間）があるだけで、
聞き手に与える印象は大きく異なってきます。
たとえば、抑揚や間がなく一本調子で話す人の場合、
やや機械的でその人自身の主張や人柄が
相手に伝わりづらいことがあります。
でも、抑揚や間を使いこなせる人は、
話で相手を惹きつけるのがうまく、
上手に自分のメッセージを伝えることができます。
そこで3日目は、相手を惹きつける
魅力的な話し方を取得するための、
表現テクニックをご紹介していきます。

EXPERIMENT
実験①

自分の「表現力」をチェックしてみよう!

同じセリフでも、演じる俳優さんが違えば印象は全然違うもの。これと同じで、人によって話し方の表現力は全く異なってきます。そこで、まずはあなたの表現力がどのくらい生き生きしているのかを知るために、次の実験に挑戦してみてください。

実験
次の文章を、間を取る場所を工夫しながら読んでみましょう。

「もっと生き生きと表現しなさい」

ヒント
「間」というのは、文章を区切る場所のことを指します。「間を取る」というのは、文章を区切り、少し時間を置くことです。
(診断結果は、左ページで確認してみてください)

さて、あなたは何パターンくらい、解答することができたでしょうか?
より多くのパターンで読み上げられた人ほど、表現力が高く、話し方上手な人だと言えるでしょう。

間を取る場所というのは、「文章を区切る場所」のことです。文章をどこで区切るかによって、自分がその文章のなかで強調したい言葉が変わってきます。

たとえば、「もっと! (間を取る) 生き生きと表現しなさい」と言われるのと、「もっと生き生きと! (間を取る) 表現しなさい」と言われるのとでは、同じ文章であっても受ける印象がだいぶ変わってきます。

また、話し方の表現方法には間を取って言葉を強調する以外にも、いろいろなものがあります。うれしいときと怒っているときでは言葉のトーンが違ってくるように、言葉を発するときの状況や気持ちなどを考えてみることでも、言葉の伝わり方は変わります。ぜひ、いろいろな表現方法に挑戦して、その効果の違いを実感してみてください。

Let's TRY!

表現力テスト

「もっと生き生きと表現しなさい」という文章を、いろいろと表現を変えて読み上げてみましょう。

解答例

・もっと!!　生き生きと表現しなさい。
・もっと生き生きと!!　表現しなさい。
・もっと生き生きと、「表現」しなさい!!
・もっと……（どう言おうか悩んでいる感じで）「生き生き」と表現しなさい。
・もっと生き生きと、表現しなさい（優しく穏やかな感じで……）。

CHECK!

「表現力実験」診断結果

●4パターン以上 ……… 俳優並み！
かなり表現力があるタイプの人です。このあとご紹介していく各表現テクニックを通じて、自分の表現力を見直してみてください。

●3パターン ……………… 表現力上級者
話し方の表現力がある上級者です。いくつかの表現パターンを学べば、すぐにでも「魅力的な話し方ができる人」になれるはずです。

●2パターン ……………… 平均的な表現力
ごくごく普通の表現力の持ち主です。もっと魅力的な話し方ができるように、このあとご紹介する表現テクニックを習得しましょう。

●1パターン ……………… 一本調子タイプ
やや機械的な話し方になりがちです。話し方の表現力を徹底的に学んで、より「話が伝わりやすい人」を目指しましょう！

COMMENT
解説①

話し方とスピーチの違いとは？

音の高低差で、言葉を「躍動」させる

普通の人に比べると、アナウンサーや俳優、落語家などの「話し方のプロ」の話し方は、非常に印象に残りやすく、魅力的に聞こえます。

なぜ、彼らの言葉は生き生きと聞こえるのでしょうか。その大きな要因は「言葉の音ひとつひとつに高低差をつけているから」。単語のひとつひとつの音に高低差があるからこそ、まるで言葉が「躍動」しているかのように聞こえ、人の印象に残りやすくなるのです。

そういう意味では、話し方は音楽に非常に似ています。仮に、プロと一般の人の言葉のイントネーションを音符で表現した場合、プロの話し方は、より音域が広くなっていることに気が付くのではないでしょうか。

（※左ページ参照）

一流の歌手が、人並み外れた音域の広さを使って、表現豊かな歌を歌うように、話し方のプロも、音域を広く使うことで、話し方の表現の幅を広げているのです。

また、「音の高低差をつける」ほかに、日ごろから私たちが表現力のある話し方をするために心がけているのが、

・言葉の意味を考え、気持ちを乗せる。
・強弱をつける。
・間を取る。

などです。

話し方を「音楽」だとすると、スピーチは「交響曲」に似ています。静かに優しいトーンで聴かせたいと思うところもあれば、クライマックスに向けて盛り上がるような話し方をすることもあります。また、交響曲が短調から長調に変わるように、話し方も暗いトーンから明るいトーンにガラッと雰囲気が変わることもあるでしょう。

聞き手がワクワクするような表現のエッセンスを加えることで、より躍動感のある話し方になるよう挑戦してみてください。

プロと一般の人とでは、音の高低差がこんなに違う！

右ページの解説にあったように、プロと一般の人との話し方で、
大きく違うのが音と音の間にある高低差です。プロのほうがより広い音域で
高低差をつけるため、スピーチに躍動感が生まれます。
下記の音符を見て、両者の音域がどのくらい違うのかを、ぜひ確認してみてください。

サンプル１　**あおい　うみ**

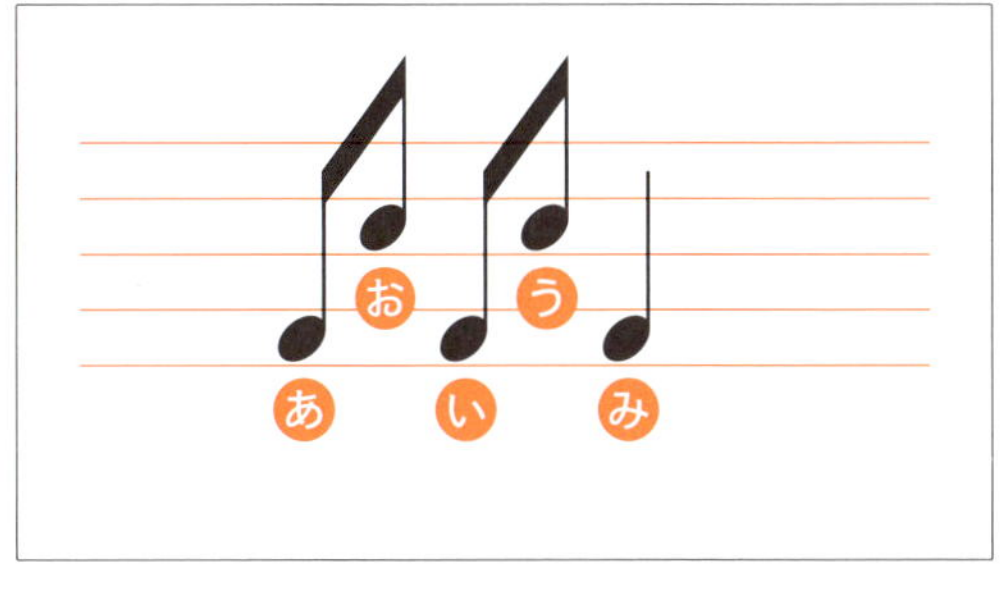

プロの場合

一般の人の場合

サンプル２　**すばらしい　はしり**

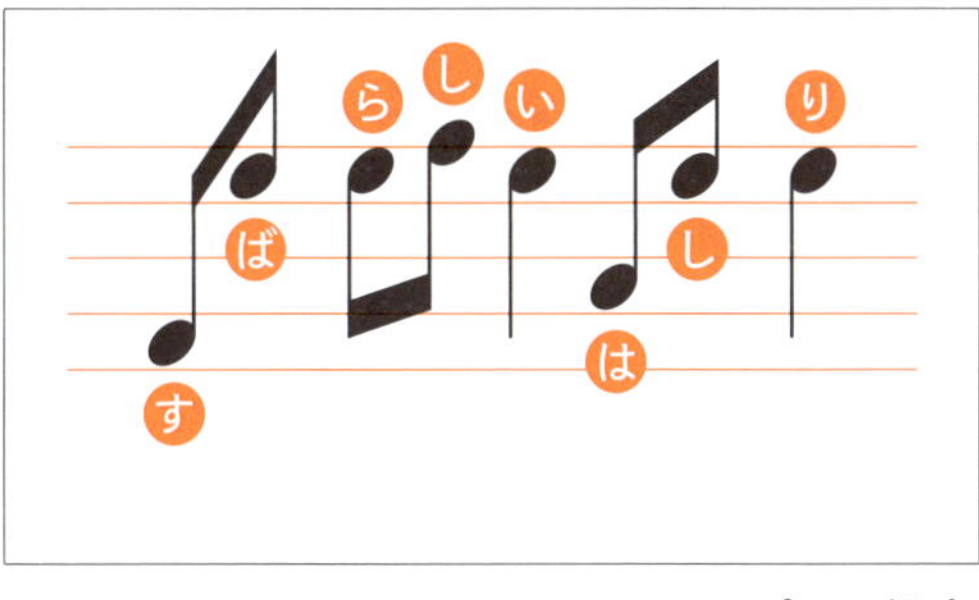

プロの場合

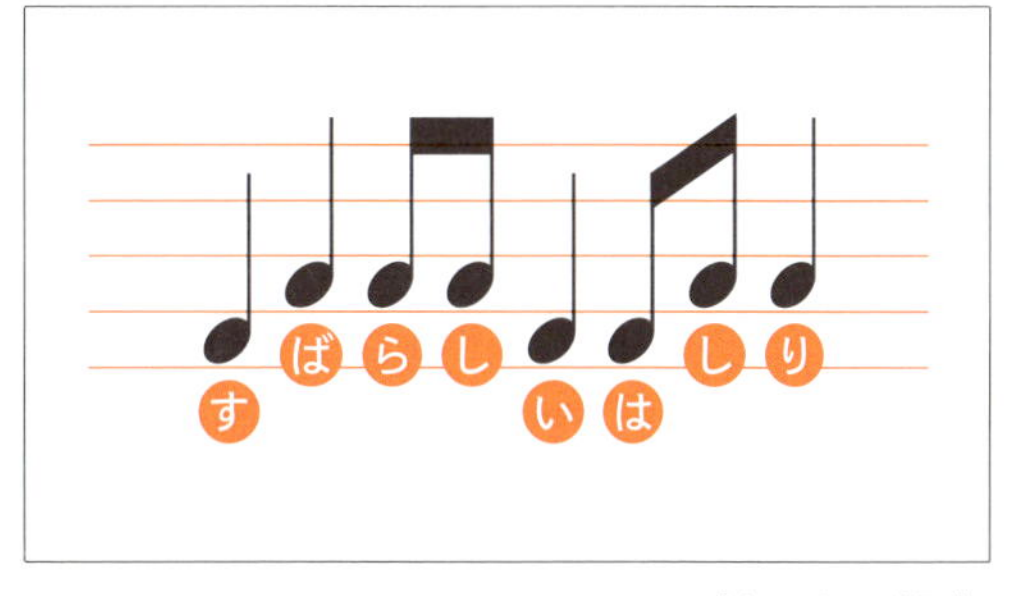

一般の人の場合

サンプル３　**ゆめは　かならず　かなう**

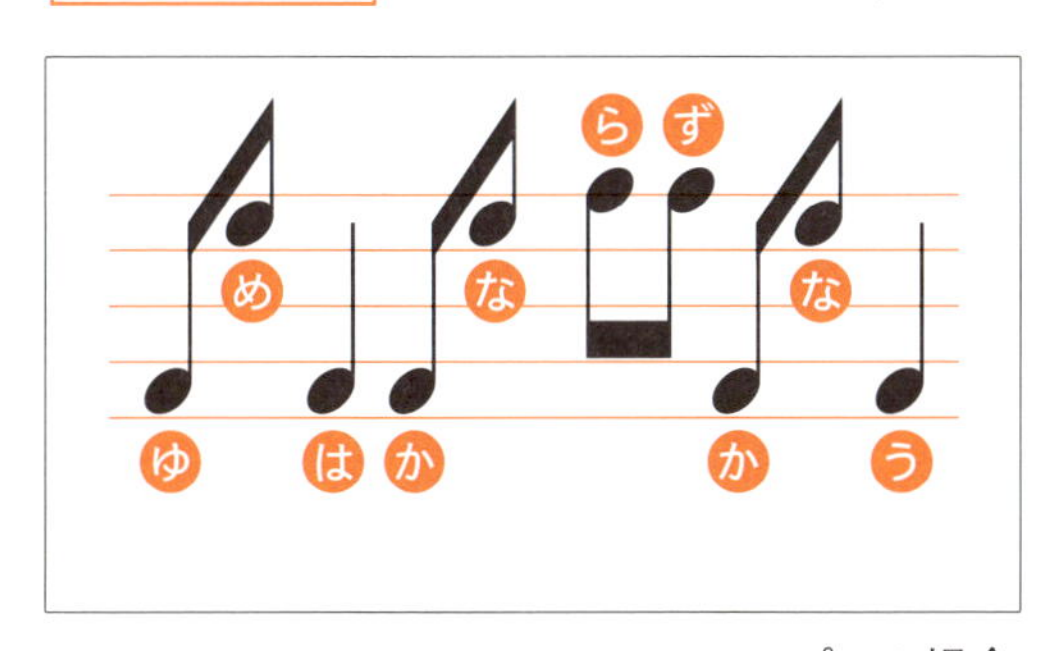

プロの場合

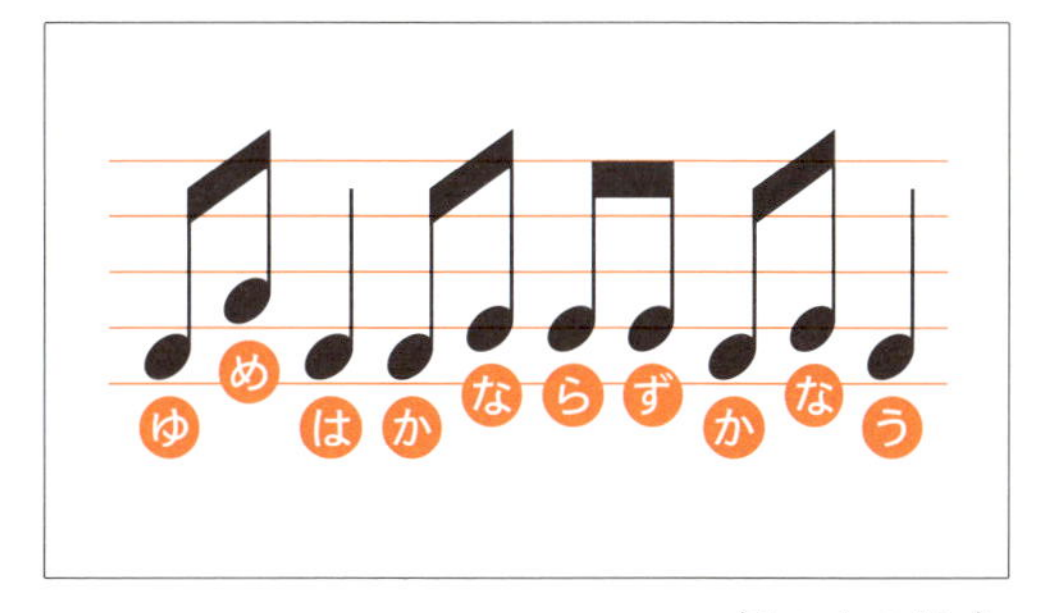

一般の人の場合

COMMENT

解説②

イントネーション（抑揚）で表現力をアップ！

抑揚をつけるときは、下山する感覚で

日本語は、音の高低で言葉の意味や言葉自体の重要性を表現する言語です。そのように言葉に高低をつけることを、「イントネーション（抑揚）」と言います。

イントネーションをつけることで、大事な言葉やフレーズを聞き手の耳に残りやすくすることができます。また、会議やスピーチで原稿やメモなどを読み上げるときは、読むことに集中してどうしても棒読みが多くなってしまいます。でも、イントネーションの決まり事をしっかりと守っておけば、一本調子の硬い感じにはならずに、まるで会話をしているかのような自然な話し方ができるようになります。

では、イントネーションの決まり事にはどんなものがあるのでしょうか？

それは

・文頭では高い音域、文末では低い音域になるように話す

・重要なキーワードを話すときは、少し高い音域を出す

というものです。

イントネーションをつけて日本語を話す場合は、「文頭＝山の頂上」から、「文末＝麓（ふもと）」までの山道を下りるように、「高いところから低いところに下りていく感覚」をイメージするのがポイントです。

そして、文章の途中で大事なキーワードが出てきたときは、少し高めに発音して、言葉を際立たせるようにしましょう。山道でたとえるならば、道の途中にある岩などの障害物を、ジャンプして飛び越えるような感じです。

「文頭から文末まで息が続かなかった」「大事な言葉を高く発音するのが難しい」「音に高低差をつけるにしても低い声が出にくい」など、最初は上手にイントネーションをつけることができずに、苦労することもあるかもしれません。ただ、レッスンを続けることで歌手が自分の音域を広げていくように、繰り返しイントネーションのトレーニングをすることで、徐々に話し方の表現の幅も広がっていくはずです。ぜひ諦めずに、挑戦してみてください。

こんなに違う！ イントネーションの効果

イントネーションが正しい場合

- 話し方の音域が広く使え、表現の幅が広がる。
- 文章を読むとき、相手を惹きつけられる。
- 強調したい言葉が際立つ。
- 洗練された印象を聞き手に与える。

イントネーションが正しくない場合

- 一本調子で表現力に欠ける。
- 文章を読むときに、棒読みのように聞こえる。
- メリハリがなく、大事な言葉が際立たない。
- シャープさに欠ける印象を聞き手に与える。

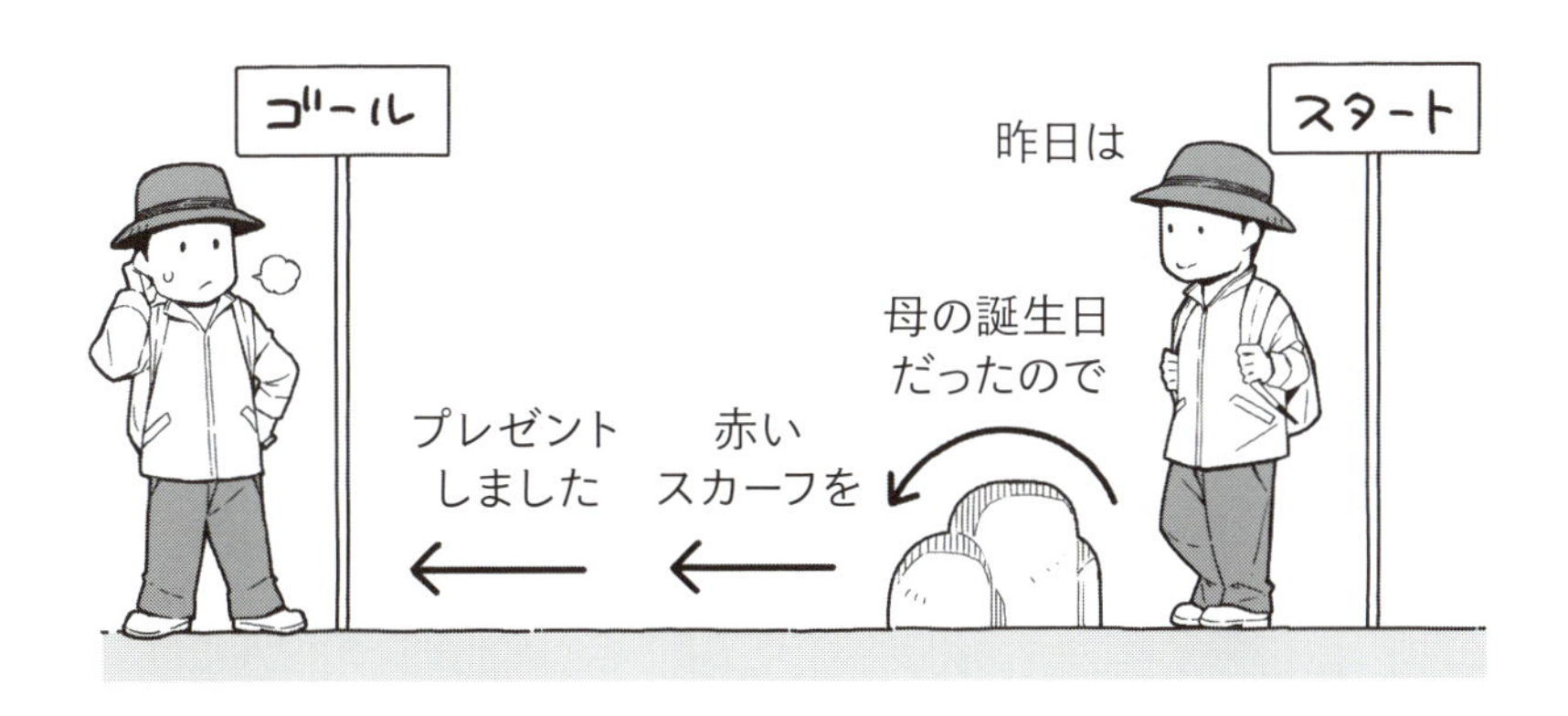

COMMENT
解説③

聞き手が飽きない間（ポーズ）の取り方

ひきつけの間と理解の間を使い分けよう

「間（ポーズ）を取る」とは、文章の間に区切りを入れ、少し時間を取ることです。実はこの「間を取る」ことによって、聞き手を飽きさせない話し方を手に入れることができるのです。

話し方における「間（ポーズ）を取る」」テクニックには、左記の2種類があります。

①ひきつけの間／小さな間
②理解の間／大きな間

まず、「ひきつけの間」とは、文章の中で強調したい言葉の前に置く「小さな間」のことです。大事な言葉の前で少し間を空けることで、「あれ、話続けないの？」「お、なにか様子が違うな」と聞き手の注意を惹き、より強い印象を与えることができます。

「理解の間」は、段落の変わり目や話の転換の前など、一通り話を終えたタイミングに取る「大きな間」のこと。矢継ぎ早にたくさんの情報を与えられると、人は混乱してしまいます。そこで、一度話を落ち着かせて間を取ることで、それまでの話を聞き手の頭の中で整理してもらうのです。

先ほどの「イントネーション」のところでは、「日本語は山道を下るようなイメージで話すとよい」とお伝えしましたが、仮に山道にたとえた場合、小さな間（ポーズ）は岩（大事な言葉）の前で立ち止まるようなもの。そして、大きな間（ポーズ）は、山道の途中で振り返るようなものです。間を取った後は、少し高めの声で話し始めることで、大事なフレーズを聞き手に印象付けることができます。

ただ、「『間を取る』と言われても、どのくらいの時間、間を空ければいいのかわからない」という人もいるでしょう。間（ポーズ）の時間の感覚としては、

・ひきつけの間は1～3秒
・理解の間は3～5秒

を目安にしてもらえればと思います。

理解の間

ポイント

●段落の変わり目や話の転換の前に時間を取ることで、相手にいまの話を頭の中で整理してもらう。
●時間は３〜５秒が目安の大きな間。
●山道で後ろを振り返るイメージ。

ひきつけの間

ポイント

●自分が強調したいことや、大事だと思う単語の前に小さな間を空ける。
●時間は１〜３秒が目安の小さな間。
●山道で岩に遭遇したときに立ち止まるイメージ。

間（ポーズ）は
山道を立ち止まるイメージで！

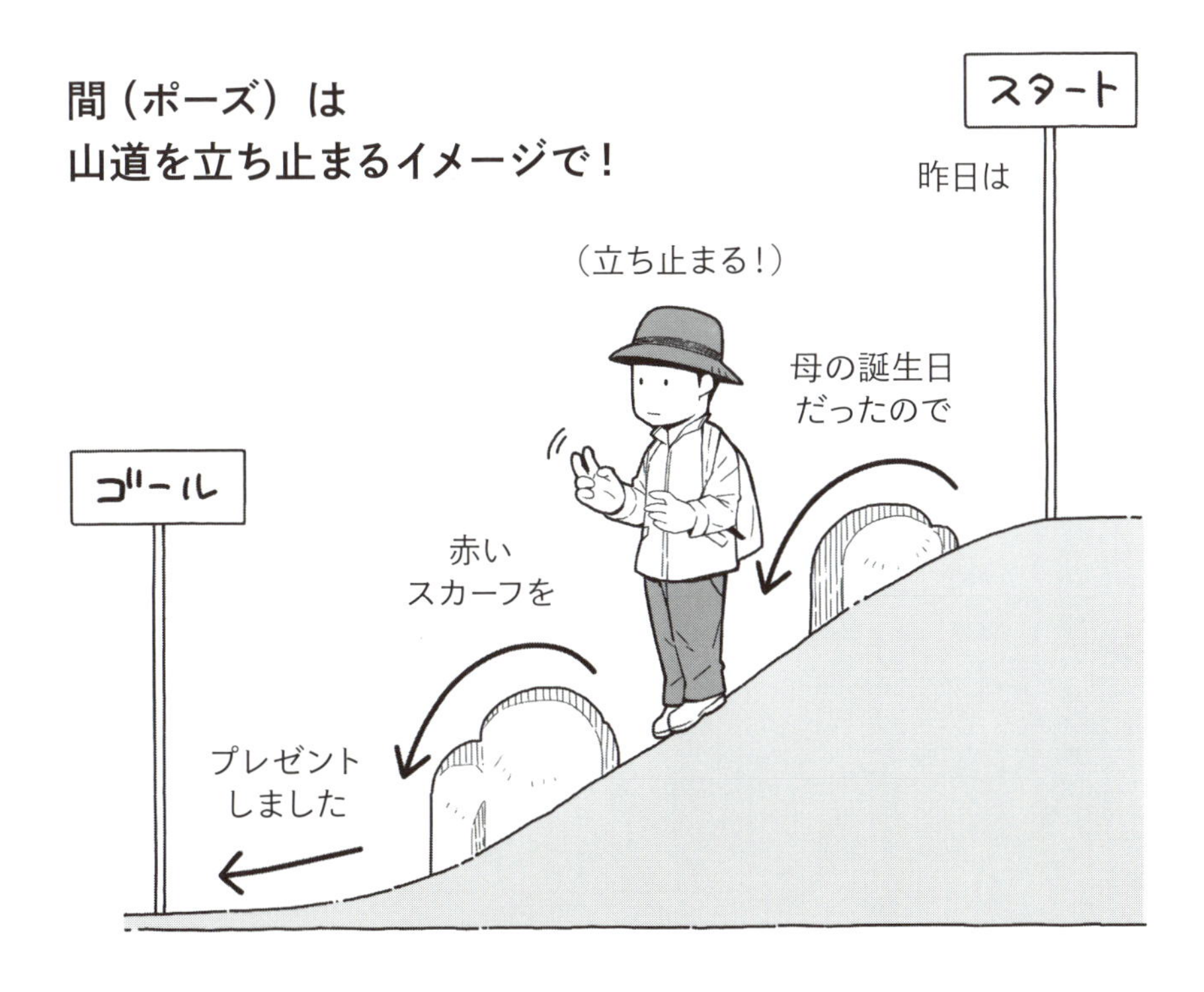

TODAY'S TASK
今日の練習①

イントネーションをつけて話してみよう

伝わる話し方になるイントネーション練習

イントネーション（抑揚）をつけるときには、ひとつの文章を「文頭＝山の頂上」「文末＝麓」「大事な言葉＝イントネーション」だと想像して話すとよいことをお伝えしました。ここからは、練習として、いくつかの例文を読み上げてみてください。

次の文章の、それぞれ「文頭」「文末」「大事な言葉」を意識して、左ページにある図をもとにイントネーションのイメージ図を作り、3回ずつ声に出して読み上げてみましょう。なお、イントネーションのイメージ図は、53、55ページを参照にしてみてください。

例文

1 大好きな彼と久々にお会いできるのはうれしい。

2 寒くなってきたので、マフラーとコートと手袋を買おう。

3 遅刻しそうだったのに、駅まで行って定期を忘れたのに気づいて、家まで帰った。

ポイント

・**文末が低いときは、文頭の音を高く！**

前のページでもお話ししたように、イントネーションをつけて日本語の文章を話すときは「文頭の音を高くして、文末の音を低くする」ように心がけてください。もしも、文章の最後の音が低すぎて声が出ない場合は、文頭の音をもっと高くするようにしましょう。

・**並列の言葉は音の高さを揃えて発音を**

例文にある「マフラーとコートと手袋」などといった並列の言葉は、音の高さを揃えて発音しましょう。

・**早口にならないように注意！**

イントネーションをつけるときは、「どの言葉が大切なのか」「相手に伝えたい単語はどれか」など言葉の意味を考えながら、早口にならないように注意し、ゆっくりと読んでみましょう。

Let's TRY!

右ページの例文に沿ってイントネーションのイメージ図を描いてみよう！

1 2 3

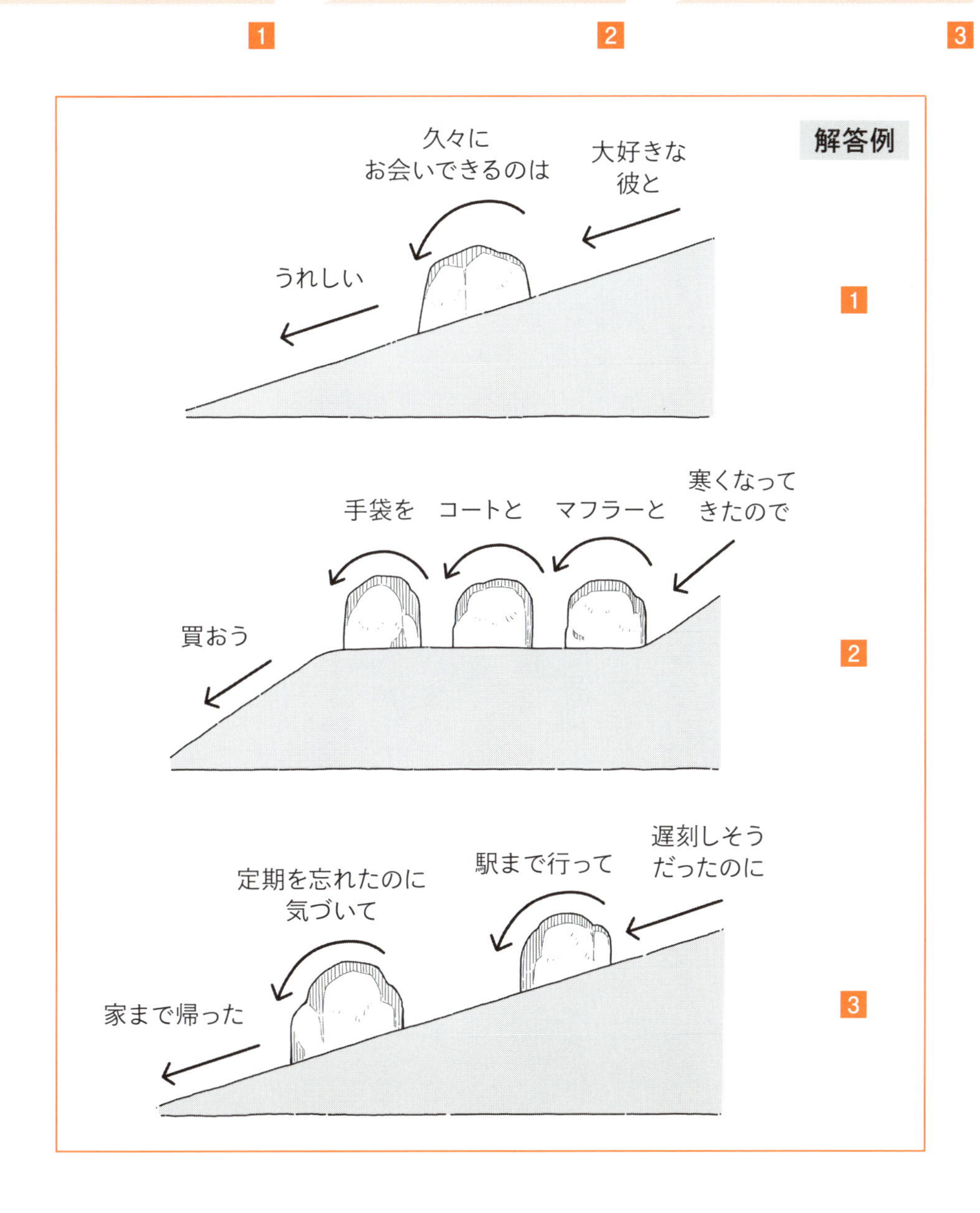

TODAY'S TASK
今日の練習②

間（ポーズ）を使いこなそう

2つの間で会話にメリハリを

話し方にメリハリをつけて、聞き手を飽きさせないため、大切な表現テクニックとなるのが「間（ポーズ）を取る」ことです。

間（ポーズ）には、強調したい言葉の前に取る「ひきつけの間」と、段落の変わり目や話の転換の前に取る「理解の間」があることをお伝えしました。

そこで、練習編として、左記の文章を、2種類の間を取りながら読み上げてみてください。文中にある①〜⑤というのは、取るべき間の秒数になります。

例文

今日は私の趣味についてお話しします。①私は、①「まったくの無趣味」です。③昔は、ゴルフに釣り、写真撮影に陶芸、海外旅行……とたくさんあったのですが、今は皆無。②というのも、今は、家族が、①最大で唯一の私の趣味だからです。⑤先週も、わが家にこんな出来事がありました……。

ポイント

・ひきつけの間は1〜3秒、理解の間は3〜5秒

「ひきつけの間」は強調したい言葉の前に置く間のこと。1〜3秒が目安です。また「理解の間」は、段落の変わり目や話の転換の前に置く間のこと。3〜5秒が目安です。

・間を取った後の言葉は、トーンチェンジを

一度間を取ったあとの言葉は、相手に印象づけるために、声のトーンを少しチェンジしましょう。少し高めの声で始めたり、反対に低く抑えた声にするなどすると、より相手を飽きさせない話し方になります。

・言葉の意味を考えながら、感情を込めて

棒読みにならないように、「どの言葉が大切なのか」「自分が相手に伝えたいことはなにか」とそれぞれの文章にある言葉の意味を考えながら、感情を込めて表現しましょう。

間（ポーズ）をうまく取り入れて、聞き手を飽きさせない話し方を手に入れよう！

今日のタスク

巻末の145～151ページにある、

❶**プロミネンス（強調）**
❷**ポーズ（間）**
❸**イントネーション**

の例文を、毎日繰り返し音読してみましょう。例文を繰り返し音読することで、より生き生きとした話し方に近づくはずです。

まとめ

- 強調したい言葉の前には1～3秒の「ひきつけの間」を。
- 段落の変わり目や話の転換の前には3～5秒の「理解の間」を。
- 間を取った後の言葉はトーンチェンジでメリハリをつけよう。
- 棒読みにならないように、感情を込めて表現しよう。

人前で話をするときは、「説明」ではなく「描写」を意識して！

自分では面白い話をしているつもりでも、なぜか聞き手の反応が悪い……。そんな体験をしたことはありませんか？

もしかするとその原因は、あなたの話が、単なる「説明」に終わってしまっているからかもしれません。

面白い話をしていたとしても、話し方が単調だったり、説明口調だったりしてしまうと、聞き手側もあまり関心を持って聞く気になれないものです。

どうすれば、こうした単調な「説明口調」から抜け出すことができるのでしょうか？

そのコツは「説明」ではなく、「描写」を意識してみること。1から10まで経緯を説明するよりも、そのときに自分が感じた気分や感覚を具体的な言葉に乗せて、表現してみることが大事です。

たとえば、「先日、会社を辞めてヒマラヤの山に登ってきた」という経験をスピーチするとします。単に「会社を辞めた」「山に登った」「こういうものを食べた」といった説明だけで終わらせてしまうのはNG。これでは、聞き手の心を楽しませたり、驚かせたり、想像させたりすることはできません。

「辞表を提出するとき、どんな気持ちだったか？」「ヒマラヤの山に登ったときに頂上で、真っ先に出た言葉は？」「気温は肌寒かったのか、暖かかったのか」「空の色はどんな色だったのか」「どんなにおいがしたのか」などといった、様々な描写を口にしてみるようにしてください。こうすることで、聞き手の関心を引いたり、共感したりしてもらえるはずです。

仮にキレイに話の流れがまとまっていなくても、かまいません。きちんとまとめられた説明よりも、目の前で起こっているかのような臨場感や、まるで自分が体験したかのように感じるリアルな表現がある話のほうが、相手を惹きつけることができるからです。

では、どんな表現が、聞き手にとって印象に残りやすいのでしょうか？　ここで、スピーチでの描写力を高めるためのポイントを、いくつかご紹介していきたいと思います。

1 五感を刺激する単語を使う

スピーチは、基本的には「音」だけで構成されていますが、視覚や嗅覚、味覚、触覚、聴覚といった、五感を刺激するような表現を使うと、より印象に残りやすくなります。また、仮に五感を表現するにしても、ただ「おいしかった」と表現するのではなく、「口当たりがなめらかで、まるで粉雪のようだった」などと、できるだけ具体的に細かく表現するように意識していきましょう。

2 表情や動作を描写する

ただ普通に「彼女は笑ってたよ」というのではなく、「笑いすぎて、最後は声が出なくて息をするのも苦しそうだった」「目じりを下げて、ニッコリ微笑んでいたよ」などと、できるだけ詳しく表情や動作を描写することで、より感情や情景を伝えることができます。

3 擬態語や擬音語を使う

「ゆで卵のようにツルツルの肌」「バン！　と机をたたいた」など、擬態語や擬音語を使うと、より一層表現力が増し、聞き手側の脳裏に情景が浮かびやすくなるはずです。

4 ありきたりな形容詞は使わない

「たくさん」「嬉しい」「楽しい」「よい」「一生懸命」などといった、単純な形容詞を控えて、具体的に表現するようにしましょう。たとえば、ご飯を食べに行ったとき、「おいしい」を連発するのではなく、「レモンの酸味がきいていて、すっきりした味」など、より具体的に。なにがどういう味で、どんな風に気に入ったのか。自分の感覚や気持ちに向き合い、言葉で表現できるようにしましょう。

なお、感想を具体的に言う練習をすると、話し方が上達するだけではなく、コミュニケーションも円滑になります。たとえば、なにかプレゼントしてもらったときに、ただ「嬉しい」という一言を伝えるよりも、より具体的な言葉で感想を言うことで、「あぁ、そんなにいろいろと感じてくれたんだ。よかったな」と、相手の人にも喜んでもらえます。仮に映画を観に行った際にもただ「面白かった」と言うだけではなく、より細かい感想を言うことで、「そんなに感動してくれたんだったら、今日は一緒に映画に行ってよかったな」と思ってもらえるはずです。なお、描写力は、訓練すればするほど、高まります。誰かに感謝の気持ちや感想を伝えるときには、ぜひ日ごろから具体的に自分の感想を伝えることを意識していきましょう。

第3日目

KEE'S
アフタートーク

人前でスピーチをするときは「普段のテンション×3倍」で!

自分が体験した感動を誰かに伝えてみたけれども、その感動がうまく伝わらなかった……という経験はありませんか？ それは、もしかするとあなたの「テンション不足」が要因かもしれません。

アナウンサーのリポート研修で、グルメや旅など自分の体験を人に伝えるときの注意点として言われるのがこの言葉。

「聞き手に、自分が感じたのと同じような感動を伝えるには、いつもよりも3倍大げさに表現する必要がある」

誰かに自分が体験した感動を伝えたいと思うのならば、その3倍のテンションが必要になってくるということなのです。

イメージとしては**「テンション1倍＝独り言」「テンション2倍＝相手が1人」「テンション3倍＝相手が3人以上」**と覚えておきましょう。

普段のテンションは、独り言レベルの「テンション1倍」。当然、楽しさが相手に伝わりづらくなってしまいます。最初は「3倍もテンション上げるなんて、恥ずかしい！」と思うかもしれませんが、相手に自分の感動や思いをそのまま伝えるなら、ぜひ「テンション3倍」にチャレンジしてみてください。省エネ話法ではスピーチ上手にはなれません。

「自分がどのくらいのテンションで話をしているのかよくわからない」という人におすすめなのは、自分のスピーチを録画してみるというもの。

私たちの会社のレッスンでは、常に生徒さんたちに自分のスピーチをカメラで撮影してもらい、後で見直してもらうようにしています。多くの生徒さんは、初めて自分のスピーチ映像を見たとき、「こんなに不機嫌そうな顔で話していると思わなかった」「本当は面白い話なのに、まったく楽しそうに聞こえていない」などとおっしゃいます。

自分で思っている以上に、テンションは上がっていないもの。相手に伝わる話し方を手に入れるためにも、恥ずかしい気持ちをグッとこらえて、「テンション3倍」に一度挑戦してみてくださいね。

ポイント

1人を相手に話すのなら、「テンション2倍」。3人以上を相手に話すのなら「テンション3倍」を心がけましょう！

動画で復習！ VLPメソッド

Power Voice
発声・発音編

Power
Voice
発声・発音

Attractive
Performance
パフォーマンス

Power Speech
メッセージを伝える
話し方

Logical
Message
構成・ロジック

みなさん、まずは3日間お疲れ様でした！ 「VLP メソッド」の「発声・発音（Power Voice）」は、ビジネスや人間関係での第一印象をよくするための必須要素なので、ぜひこの3日間でそのコツをしっかり体得してくださいね。なお、本書のなかでは、さまざまなトレーニング方法をお伝えしていますが、自分ひとりだと「どのくらい口を開ければいいのか」「どのように声を出せばいいのか」などわからないことも多いはず。そこで、実際に私たち KEE'S で行っているトレーニングを、動画でもご紹介します。本書と併せて利用すると、より高い効果が得られるはずなので、ぜひ参照してみてくださいね。

第1章の復習トレーニング

腹式呼吸トレーニング

26、27ページでご紹介した腹式呼吸トレーニングは、長時間話し続けても疲れない質のよい声を作るためには欠かせないものです。腕や肩の力を抜き、大きな口を開けて、「あ～」と音を乗せていきましょう。トレーニング時には、どのくらい口を開けて、どのくらいのボリュームの声を出すべきなのか。動画のなかで、ぜひ確認してみてください。

●上記トレーニングの動画はこちらの URL で確認！
https://youtu.be/oQwZed9aEes

口輪筋トレーニング

明瞭な発音、印象の良い表情を作り出す口輪筋トレーニングです。「あいうえお」の母音を、口をハキハキと開けながら発声することで、聞き取りやすく、明るい印象の話し方を手に入れることができます。どのくらい口を開け、どのように動かしているのか、動画内に登場するアナウンサーと一緒に、練習していきましょう。

●上記トレーニングの動画はこちらの URL で確認！
https://youtu.be/xWviF2Wk14l

表現トレーニング（抑揚）

48、49ページでご紹介した表現トレーニングは、話し方に抑揚をつけることで、聞き手を惹きつける話し方にするものです。文頭の音を高く、そして文末になるほどに音を低くするなど、話し方に高低差をつけることで、より聞き手に感情や意味が伝わりやすくなります。動画を見ながら、アナウンサーが文章を読み上げる際に、どのように文章に抑揚をつけているのかを、実際にチェックしていきましょう。

●上記トレーニングの動画はこちらの URL で確認！
https://youtu.be/RlZc4lRZOPo

*スマートフォンの機種やアプリによって、動画に飛べない場合があります。その場合は、URLを打って動画をご覧ください。

第2章
2日間で学ぶ！「話し方のフォーム」

第4日目

「ロジカル報告」で、
大事なことが
30秒で伝わる
構成テクニックを知ろう

第5日目

ロジカルスピーチで
聞き手を夢中にさせる
話の展開テクニックを
学ぼう

相手の立場になった話し方はなぜ重要なのか？

欧米人の話し方は論理的で、日本人の話し方は回りくどい……などと言われることがありますが、その国の文化によって話し方にも違いが出てきます。

こうした文化によるコミュニケーションの違いを定義したのが、下記にある「ハイコンテクスト文化とローコンテクスト文化」の図です。

コンテクストとは、「言葉、知識、体験、価値観、嗜好」などといった、コミュニケーションをとるうえで、共通して持っている基盤のようなもの。ハイコンテクスト文化であればあるほど、「あうんの呼吸」という言葉に代表されるように、論理的に一から十まで伝えなくても、お互いの意図を察する傾向にあります。その点、日本はトップクラスのハイコンテクスト文化です。

それゆえ、昔は「あうんの呼吸」で通じていた時代もありましたが、昨今は企業のグローバル化に伴い、外国人とのコミュニケーションが増え、報告やプレゼンの仕方など仕事の進め方も欧米化してきました。「言葉にせずとも、言いたいことを察してもらえるだろう」という考え方は、もはや通用しません。

また、同じ日本人、同じ社内の人間関係で考えても、管理職と新入社員の間には大きな差があります。育った年代やカルチャーが違えば、場合によっては日本人とドイツ系スイス人ぐらいのコンテクストギャップがある可能性もあります。

世代や立場の違う相手に対して「あの新人は、なんで俺の指示がわからないんだ！」「あの上司はなんて融通が利かないんだ」と怒る前に、あなた自身、相手の目線に立って、伝わる話の構成を意識できているか確認しましょう。

ハイコンテクスト文化 ⟷ ローコンテクスト文化

日本 / 中国 / アラブ首長国連邦 / ギリシャ / イギリス / フランス / アメリカ / スカンジナビア（デンマークなど北欧圏） / ドイツ / ドイツ系スイス

第4日目

「ロジカル報告」で、大事なことが30秒で伝わる構成テクニックを知ろう

話を聞いているとすっと内容が頭に入ってくるような
まとまった話ができる人と、長々と説明しても話していることが
相手にうまく伝わらない人の大きな違いはなんだと思いますか？
「まとまった話ができない人」の大きなポイントとして、
「話が長いうえに結論がわからない・論拠に乏しく説得力がない・
聞き手がイライラする」といった点があげられます。反対に、
「まとまった話ができる人」は、「短時間で大事なポイントが伝わる・
論理的に説得できる・聞き手のストレスが少ない」
という話し方ができる人です。
4日目は短時間でも相手に伝わる話し方をするために、
ロジカルな話し方のテクニックを学びましょう。

EXPERIMENT
実験①

自分の「ロジカル度」を知ろう！

誰かになにかを伝えるとき、「要点をまとめて、短時間で、わかりやすく」伝えることができているでしょうか？
そこで、「自分が論理的な話し方ができているかどうか」を試すために、次の実験に挑戦してみてください。

実験

・次の課題を30秒にまとめて報告してみましょう。制限時間は5分間です。

課題

会社で新たなパソコンを購入することになり、商品の選別を担当することになりました。最終的に購入したパソコンはA、B、C社いずれのメーカーのものになったか、理由を交えて報告してください。

条件

・価格はA社の商品がB社の商品に対して1万円安く、C社の商品はB社の商品に比べ2万円高い。
・故障のリスクはA社製が最も高い。
・パソコンの性能から言ってわが社の作業に適しているのは、A社とB社の商品である。
・待機電力消費率はA社、C社が高く、B社は低い。
・デザインや軽さの面で言えばA社が最もよいが、実務には関係がない。
・取引先で付き合いがあるのはB社とC社で、A社はない。

（診断結果は、左ページで確認してみてください）

ポイント

●論点をまとめるときは、先に結論を述べ、その根拠となる理由をあげてみましょう。なお、根拠となる理由を羅列する場合は、3つ以内にまとめましょう。
●ムダな説明は省きましょう。
●理由は、グループ分けして伝えましょう。
例）理由①／パソコンの性能について
理由②／コスト面について

理由③／その他の理由
●重要度の高い情報から、順番に報告しましょう。

さて、いかがだったでしょうか？

たった5分でこれだけ多くの情報を整理し、しかも30秒で伝えるのはなかなか難しいかもしれません。でも、「ロジカルシンキング」という論理的な思考法のルールに基づいて考えれば、誰でも短時間でまとまった話ができるようになります。

４日目は、私たちが開発した、短時間でロジカルシンキングができるようになるメソッド「魔法のシート」を中心に、ロジカルな話し方をご紹介していきます。頭の中で、「魔法のシート」（73、75ページを参照）のボックスを埋めていくだけで、例題のような報告を楽にこなせるようになるはずです。

今回の実験で「全然できなかった」という人も、心配いりません。まずはこの実験で自分のロジカル度を確認して、「報告上手な人」を目指しましょう！

解答サンプル

わが社で購入すべきはＢ社製のパソコンであると考えます。理由は３つです。

１つ目は「パソコンの性能」について、２つ目は「コスト面」について、３つ目は「その他の理由」という順にご説明します。
1 わが社の実務に適した仕様であり、故障も少なく、
2 価格も３社の中で平均的で、待機電力も低く抑えられます。
3 また、わが社の取引先でもあります。
よって、Ｂ社製のパソコンを購入すべきと考えます。

「ロジカル度実験」診断結果

右ページにあるポイントを、自分の報告のなかにいくつ取りいれられていたかで診断しましょう。

- ●4つ＝ロジカル度＝100点
- ●3つ＝ロジカル度＝80点
- ●2つ＝ロジカル度＝50点
- ●1つ＝ロジカル度＝30点
- ●どれもできていなかった＝要トレーニングを！

COMMENT
解説①

ロジカルな話し方のポイントを知ろう

短時間でポイントを押さえるロジカルスピーチ

みなさんは「ロジカルスピーチ」という単語をご存じでしょうか？　これは、物事を体系立てて伝える話し方のこと。

物事を論理的に話すスキルを身につけることで、次の3つの大きなメリットを得ることができます。

①短時間で伝えられる。
②過不足なく伝えられる。
③大事なポイントを押さえて伝えられる。

日々忙しいビジネスマンであれば、ひとつの報告に長々と時間を取る余裕はありません。だからこそ、できるだけ短時間で、要領よく、ポイントをまとめて報告するスキルが求められているのです。

また、短時間で大事な情報を論理的に相手に伝えることができれば、時間の節約になるだけでなく、余分な情報がない分、相手もスムーズに内容を理解してくれるので、ミスやトラブル、誤解を回避することにもつながります。

さて、ここでひとつ有名な逸話をご紹介します。

アメリカのビジネスマンの間で有名な営業手法と言われる「エレベータートーク」です。

これは、もともとはアメリカ・シリコンバレーの起業家が、自分の商品を投資家にプレゼンするために使ったとされる営業手法です。シリコンバレーはビジネスの激戦区。それゆえ、投資家にいかに自分の商品をアプローチしたくとも、相手も多忙な上、競争相手も多いため、なかなかプレゼンのための時間を割いてもらえません。

そこで、その起業家は、投資家をオフィスのエレベーターの前で待ち伏せして、同じエレベーターに乗り込み、投資家が降りるまでの数十秒の間に事業内容をプレゼンしていた……という逸話から「エレベータートーク」と名付けられました。

エレベーターに同乗している間のたった数十秒間で、相

「エレベータートーク」は、たった数十秒で相手の心をつかむ究極のプレゼン術。ロジカルスピーチを身につければ、実践可能に。

手の心をつかんでしまう「エレベータートーク」は、まさに論理的に系統立てて組み立てられた、究極のプレゼン術だと言えるでしょう。

最近は、日本の企業でもプレゼンをする機会が増えているため、この「短時間で、わかりやすく、大事なことを報告するスキル」は強い味方になります。

また、プレゼン以外にも、

・会議での発言
・上司への報告・連絡
・部下への報告・連絡
・スピーチ

などなど、ロジカルスピーチテクニックはビジネスにおけるさまざまな場面で応用することができます。

ぜひ、この機会にロジカルスピーチテクニックをしっかりと身につけて、ビジネスマンとしてのレベルアップを目指していきましょう！

COMMENT

解説②

ロジカルスピーチの構造を組み立てよう

3つの階層で組み立てるロジカルスピーチ

ロジカルスピーチを組み立てる上で、大切なのは「3つの階層」です。ピラミッドのように、「結論」「理由」「詳細」の3つを順番に組み立てていくことで構成します。

【結論】ピラミッドの頂点

「結局は何が言いたいんだい？」「君の話はわかりにくい」などと言われた経験のある人は、この「結論」が入っていないか、相手に伝わっていない場合が考えられます。

簡潔に、印象的にわかってもらいたいポイントが、自分のなかで整理し、準備されていないのです。

なお、報告するときは、最初と最後に結論を言うことで「結論のサンドイッチ」を意識すると、最も大事なメッセージとして相手の印象に残ります。

【理由】結論を説明するための土台〈理由〉

どうしてそういう結論に至ったのかを説明する上で、その根拠となる「理由」が必要になります。

理由は1つでは客観性がなく説得力に欠けるので、2〜3つは用意しましょう。ただし、4つ以上になると聞き手が覚えにくくなるので、理由は3つ以内にまとめるのが望ましいです。

報告時は、「結論は●●です。その理由は2つあります……」などと冒頭で理由の数を言ってあげるのもポイントです。そうすれば、聞き手は「今から2つの理由を聞くわけだな」と頭の中で整理することができるので、より話が相手に伝わりやすくなります。

【詳細】〈詳細〉は最後にまとめる

論点が、本来自分が思っていた方向とは違うところにいきがちだったり、「話が長い」と言われがちな人は、この「詳細」から話し始めている可能性があります。詳細が多い場合は類似した情報をまとめて、「理由①の詳細」「理由②の詳細」などグループ分けして説明すると、スッキリ整理されます。

図解・ロジカルスピーチの構造

ロジカルスピーチの構造

ロジカルスピーチとは、聞き手が頭の中で話の見取り図を描きやすいように、話し手が提供する「地図」のようなものです。69ページでご紹介した「魔法のシート」は、「結論」「理由」「詳細」の３つの階層で成り立っています。ロジカルスピーチを実践するときは、「魔法のシート」を下記図のような形で構成していきましょう。

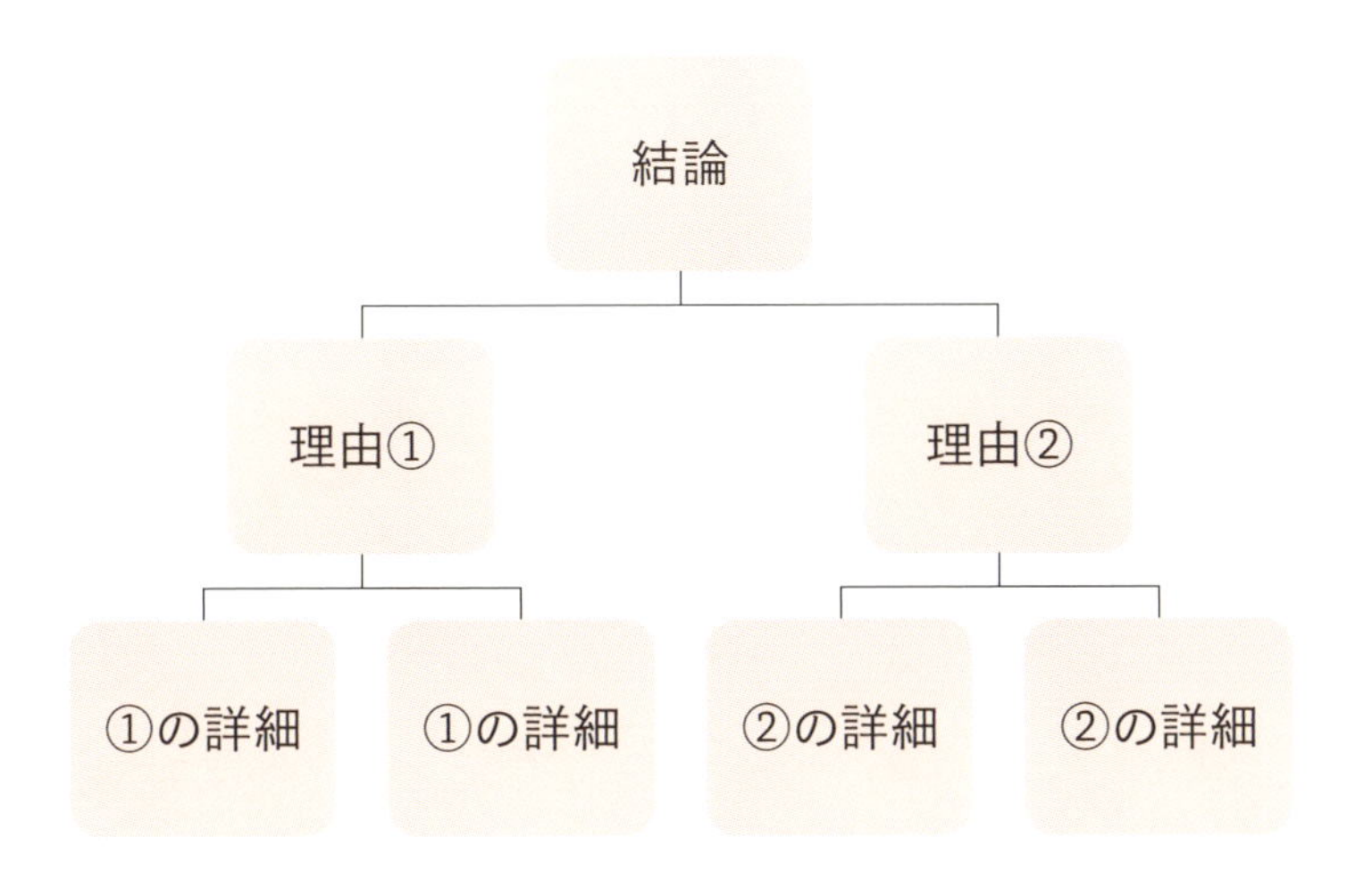

ポイント

❶まずは「結論」から伝える。一言で印象的に、簡潔に表現。最初と最後の２回言って「結論のサンドイッチ」を忘れずに。
❷「結論」を説明する「理由」を２～３つ用意。大事なものから伝える。
❸「詳細」はグループ分けされ、整理されている。必要ないものは省く。

実験課題を使ったサンプル例

68ページの例題を参考に、ロジカルスピーチをまとめてみました。それぞれの「理由」ボックスに入る「詳細」は以下のようになります。
理由①＝パソコンの性能について　理由②＝コスト面について　理由③＝その他の理由
「詳細」がたくさんある場合でも、思いつくままに情報を羅列しても、聞き手は頭の中で整理しきれません。そこで、「理由は３つ以内に」のルールにしたがって、似たもの同士をグループ化していくことが重要です。

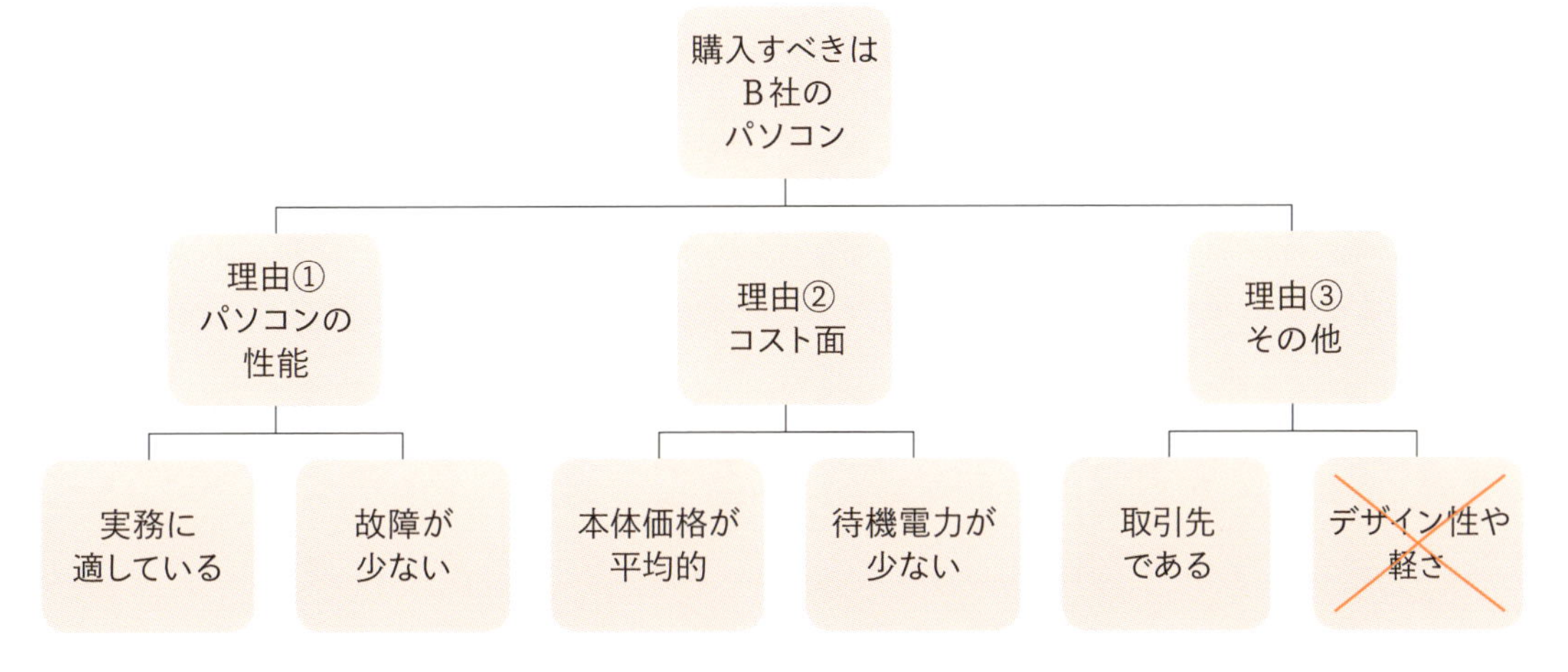

COMMENT
解説③

フリートークでも使えるロジカルスピーチ

魔法のシートでフリートーク力もアップ！

ロジカルスピーチは、報告やプレゼンなどだけでなく、フリートークでも使用することができます。

私たちが行っているスピーチ研修では、ロジカルシンキングの構造に沿って作成した「魔法のシート」を使って、フリートークを実践していただきます。

魔法のシートを使えば、68ページでご紹介した課題のような報告はもちろん、朝礼でのフリートークや結婚式のスピーチなども簡単に構成できます。左ページに、実際に私たちの生徒さんが作成した魔法のシートをご紹介します。

①～⑧の順番で実際に話すと、以下のようになります。

フリートーク例

私の好きな言葉は「ニイハオ」です。

←

私の妻は中国人で、結婚4年目に入ります。今でも新婚時代と同じように仲が良いのですが、妻は朝、昼、晩と毎日必ずメールを送ってきます。そんな妻の挨拶は、昼でも夜でも「ニイハオ！」。

←

最初は、「なぜいつも『こんにちは』なんだろう？」と疑問でしたが、中国語辞典を調べてみると、中国では四六時中挨拶は「ニイハオ」なんだそうです。ちなみに、「ニイハオ」とはどんな漢字を書くのか？　私はそれを知って感動しました。

←

「あなた、好き」と書くんです。以来、私は「ニイハオ」という言葉が一番好きです。

結論と理由と詳細がうまく分類されており、短時間でわかりやすく、メッセージが伝わってきます。

「魔法のシート」を使って、「①結論を決める②結論を説明できる理由を考える（2～3つ）③理由を詳細に説明する」の段取りを踏むだけで、どんな人でも上手なスピーチができるようになります。ぜひ挑戦してみてください。

魔法のシートの記入例

【記入方法】
❶結論を決める。
❷結論を説明できる理由を考える（2〜3つ）。
❸理由を詳細に説明する。

スピーチ題「私の好きな言葉」

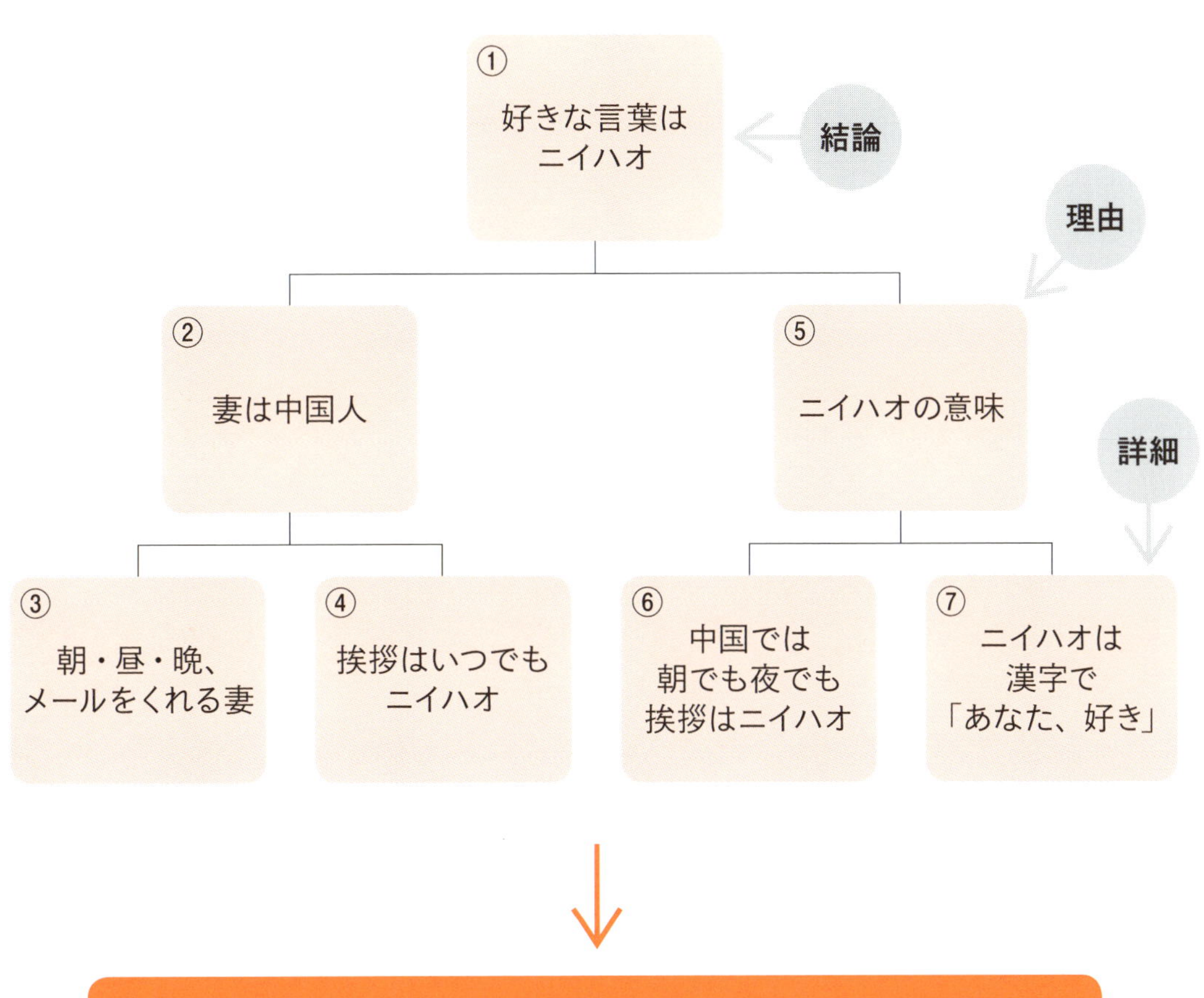

⑧だから、私は「ニイハオ」という言葉が一番好き!!

TODAY'S TASK
今日の練習①

魔法のシートでスピーチを作成しよう

結論・理由・詳細を組み立てよう

では、ここまでご紹介してきたように、実際に「魔法のシート」を使って、トークを組み立ててみましょう。

練習
お題「私の好きな言葉」の1分半スピーチ
「私の好きな言葉」をテーマに、1分半のスピーチを考えてみましょう。構成を考える際は、左ページの「魔法のシート」に記入してみてください。

時間があれば、声に出して実際にスピーチをしてみましょう。その際、注意したいポイントは左記の通りです。
・メモ代わりにシートをチラチラ見ても構いません。
・聞き手の顔が見えるように、顔を上げましょう。
・話が転換する場面は、大きい間を取りましょう。

まとめ

ロジカルな話し方になるためのポイント

結論→理由→詳細→結論の順に話そう!

結論
・できるだけ短くインパクトのある言葉で。
・最初と最後に結論を言うことで、「結論のサンドイッチ」を。

理由
・結論の根拠となる理由は、3つ以内にまとめよう。
・冒頭で理由がいくつあるか述べよう。
（例・「私がそう思う理由が2つあります」など）

詳細
・似た内容の情報をグループ化しよう。
・「詳細」を話すのは最後に。

Let's TRY!

お題：私の好きな言葉

第4日目
KEE'S LESSON コラム

より相手に伝わる話し方になる！ロジカルな報告のポイント

ロジカル報告で欠かせない4つのポイント

4日目のレッスンでは、相手に簡潔に、大切なポイントを伝えられるロジカル報告をご紹介しました。論理的に話をする上では、「結論→理由→詳細」という3段階に分けてその構成を組み立てていくことが必須になりますが、その上で、大切なポイントを4つご紹介します。

1 自分の「WILL（意志）」を入れる

レッスン内で「魔法のシート」を使って、ロジカルスピーチの基本構成の組み立て方法をご説明しました。

このシートを応用することで、プレゼンや上司への報告を、より一層ロジカルなものにすることができます。

では、下にあるシートを見てみてください。

シートのなかの左側のブロックには、「NOW（現在）」に関する事柄を。そして、右側のブロックには「FUTURE（未

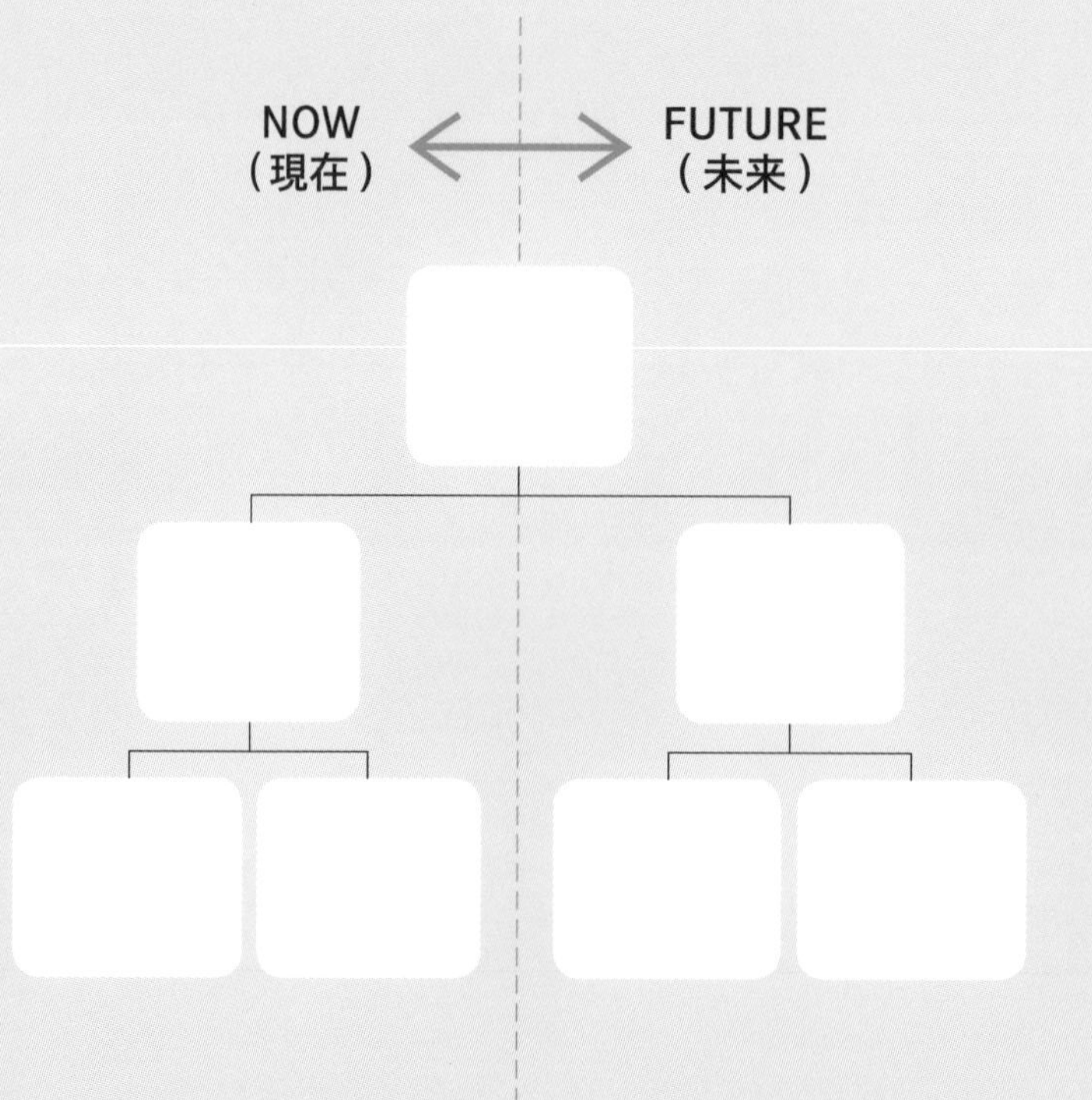

来)」に関連する項目を記入していきます。

たとえば「NOW(現在)」の場合は、

①「A社の山田部長から連絡があり、ミスが発覚しました」
②「本来50個納品するべきところが、48個しか送られていないとのこと」
③「なぜそうなってしまったのかというと、2個在庫が足りない状態だったのに、ちゃんと確認をせずに送ってしまったからです」

といった要素が入ります。

だいたい多くの人は、この「NOW(現在)」を書き込んだところで、報告を終わりにしてしまうのですが、でも、これだけでは物足りません。そこで、付け加えるべきが、右にある「FUTURE(未来)」の項目です。

④「山田部長が明日までに揃わないと困るとのことです」
⑤「いまから山田部長に至急電話して、謝罪し、足りなかった残りの2個をお届けしようと思います」

いかがでしょうか? 「FUTURE(未来)」の要素を組み込むことで、経緯を説明するだけだった報告に、自分の意志(WILL)が伝わってきます。

このように、論理的な経緯を説明に加えて、その後の対策方法までが述べられることで、聞いている人が納得してくれるロジカルな報告をすることができるのです。

ただ、報告のなかに自分の意志(WILL)を入れることに対して、「上司に部下である自分が提案なんてしてもいいのだ

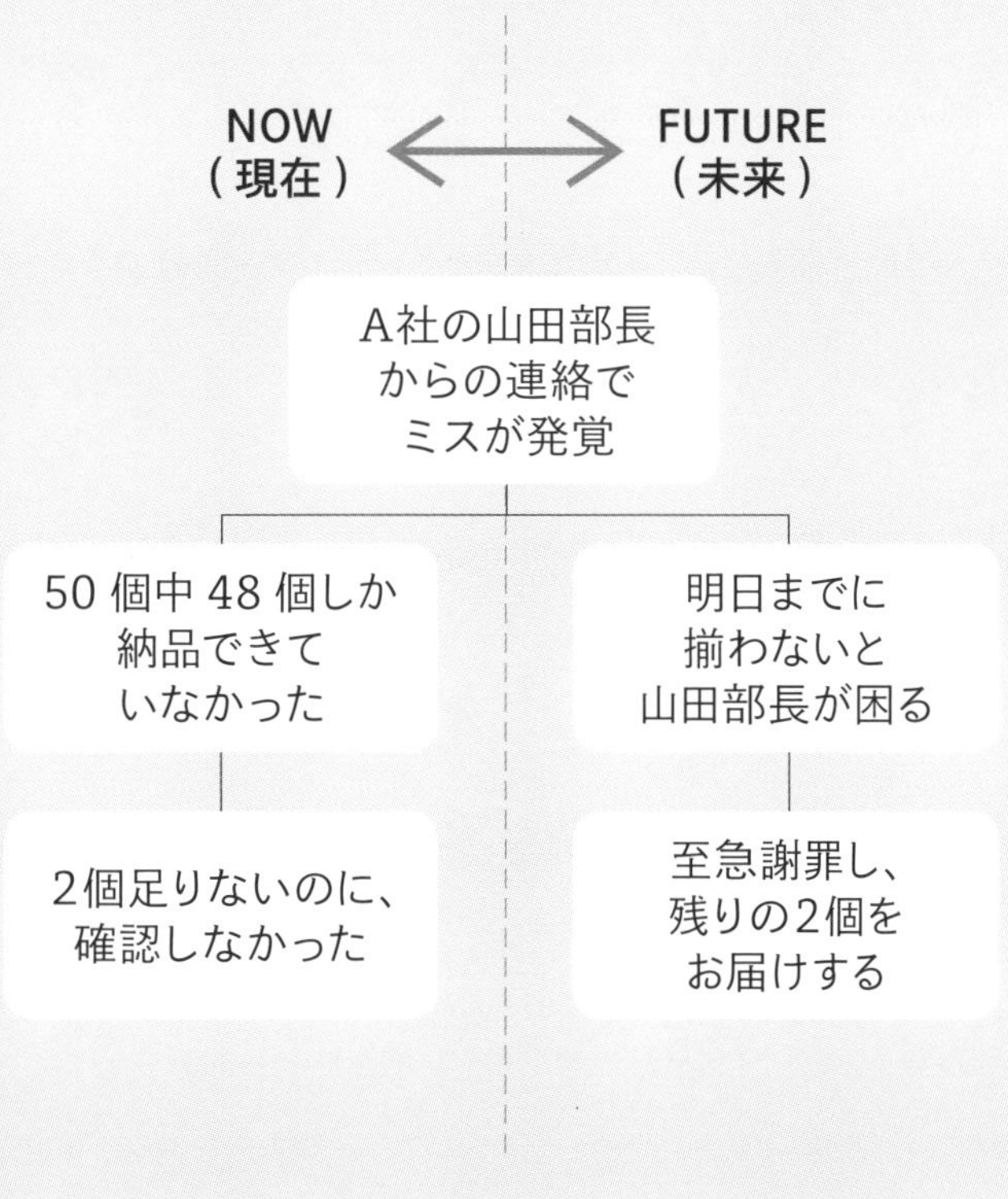

NOW(現在) ⟷ FUTURE(未来)

A社の山田部長からの連絡でミスが発覚

NOW(現在)	FUTURE(未来)
50個中48個しか納品できていなかった	明日までに揃わないと山田部長が困る
2個足りないのに、確認しなかった	至急謝罪し、残りの2個をお届けする

ろうか？」「余計な進言をしたら、怒られるんじゃないだろうか？」と、不安になるかもしれません。
でも、上司の立場になって考えてみると、「ミスがありました」と報告されて、現状の問題だけを訴えられても困ってしまいます。
「ミスがあったんですが、私自身はこういう解決策がどうかと考えています。どうでしょうか？」という報告ができれば、現状の伝達だけでなく、解決策の提案も同時に行えます。良い提案ができれば、ミスしたことでマイナスになってしまった評価を、提案によってリカバリーすることができるかもしれませんよ？

2 ５Ｗ１Ｈを忘れずに

ロジカルな報告をする上で、ぜひ覚えておいて欲しいのが、「**５Ｗ１Ｈ**」です。これは「Ｗｈｅｎ（いつ）」「Ｗｈｏ（誰が）」「Ｗｈａｔ（何を）」「Ｗｈｅｒｅ（どこで）」「Ｗｈｙ（どうして）」の５Ｗと、「Ｈｏｗ（どうやって）」の１Ｈを、必ず報告のなかに要素として入れておくというもの。
基本的なことのように思えますが、私自身、いろいろな人の報告を聞いていると、意外とこの「５Ｗ１Ｈ」が抜けていることが多いのです。

「自分ではわかっているから、相手もわかっているだろう」とか「こんなことは、わざわざ口にしなくても相手に伝わるだろう」と思うかもしれませんが、実はビジネスにおいて、その細かい経緯がすごく重要です。細かい経緯を知ることで、責任の所在をきちんと明らかにする必要があるからです。

3 数字を使って説明する

ロジカルなトークや報告に、さらに説得力を持たせるために大切なのが、アンケートなどの「客観性のあるデータ」を使うことです。
次の２つの文章を比較してみてください。

「このサプリメントをお飲みになった多くの方が劇的に減量することができたのです」

「このサプリメントをお飲みになった１００人中68人が、３か月で５kg以上の減量に成功したという調査結果があります」

後者のほうが、明らかに説得力を感じるのではないでしょうか？　これは、前者が「多くの方」「劇的に」といった主観的な言葉を使っているのに対して、後者は「１００人中68人が」「３か月で５kg以上」などといった客観的なデータを使っているからです。

話を強調して伝えようとすると、つい主観が多くなってしまいますが、特にビジネスにおいては説得力や根拠のない話はNGです。よりストレートに事実を伝えるために、客観性を重要視した話し方を目指しましょう。

4「どんぴしゃ」な一言を作る練習を

いろいろと伝えたいからといって、ダラダラと言葉をつなげてしまっては、伝わるものも伝わりません。相手に伝えたいことがあるときは、5秒以内で伝わるような「どんぴしゃ」な一言で伝えましょう。では、どんぴしゃな一言とはどんなものでしょうか？　たとえば、次の2つの文を比べてみてください。

「私は手先が器用なので、休日はいつも裁縫や料理をして過ごします」

「私のあだ名はマメ子です。手先がとても器用だからです」

この場合、後者の方が、より覚えやすく、キャッチーに聞こえるのではないでしょうか。

ポイントは「誰もが使うような形容詞は使わず、一文を長くしないこと」。これが一番伝わるフレーズだと思えるものがあれば、仮に若者言葉だったり、文法的に多少間違いがあっても、かまいません。言葉のセンスは日ごろの意識の持ちようで、磨いていくことができるものです。だからこそ、日常生活のなかで、「ありきたりな言葉は使わない」「5秒以内でまとめられるような、短い文章で表現する」という癖をつけていきましょう。

第４日目

KEE'S
アフタートーク

魔法のシートを活用して
丸読みスピーチから脱出しよう！

第４日目のレッスンはいかがでしたか？　今日ご紹介した「魔法のシート」は、要素を分類して入れなければならないため、記入に慣れるまでが大変かもしれません。でも、一度使い方に慣れてしまえば、スピーチやプレゼンの準備がスムーズになり、内容自体も洗練されたものになっていくはずです。

魔法のシートで話を整理する利点として、もうひとつご紹介したいのは「原稿の丸読み」から脱出できることです。

スピーチの最中、突然頭が真っ白になってしまい、一字一句メモをそのまま丸ごと読むようなスピーチをしてしまった……という経験はありませんか？

緊張した場合に備えて、つい完璧なメモや原稿を用意したくなるところですが、メモや原稿は「一字一句書かない」のが鉄則です。そもそもメモを丸読みしなければ話せないような難しい内容であること自体、スピーチにふさわしくないからです。話し手ですら長々としたメモがないと話せないような情報を、メモも持っていない聞き手に聞かせようとしても、理解されるはずがありません。

スピーチ等で話す内容は、あなたが一度経験したことや自分で集めた情報です。だから、すでにあなたの頭の中にその情報はあるはずなのです。問題は、それをどう整理して記憶しておくか。

だからこそ、ロジカルスピーチのシートに沿って、話の見取り図を作ることで、大枠を頭の中に記憶しておき、なおかつメモとして持っておくのが一番です。

また、スピーチ中にメモを見すぎると、顔が下を向くので、声が前に飛ばなくなってしまいます。さらに、話し手の意識＝エネルギーがメモに吸い取られてしまうことで、聞き手への注意力も下がります。スピーチ中、エネルギーをぶつけるべきなのはメモではなくて、聞き手です。原稿は胸の高さ程度の位置に掲げ、声を前に飛ばすよう心がけましょう。

基本は聞き手一人ひとりの目を見て諭すように話し、メモはあくまでチラッと見る程度に留めるのがよいスピーチだと言えます。

ポイント

ロジカルスピーチで情報を整理しておくことで、メモに頼らないスピーチが可能に！

第5日目

ロジカルスピーチで聞き手を夢中にさせる話の展開テクニックを学ぼう

仮に同じトピックスを扱っていたとしても、

「話の展開の仕方」によって、天と地ほどの差が出ることがあります。

たとえば、話の展開が面白くない人の特徴としては、

「同じ話がダラダラ長い・聞いていて眠くなる・メッセージが心に響かない」

などが挙げられます。反対に、話の展開が面白い人の話し方の特徴は
「テンポがよい・聞いていて飽きない・メッセージが印象に残る」

というものです。

そこで、第5日目はロジカルスピーチを使って、

「聞き手を惹きつける話の展開の仕方」をご紹介します。

EXPERIMENT
実験①

自分の「話の面白さ」をチェック！

4コマ漫画は究極の起承転結

あなたは日ごろからテンポのよい話の展開ができているでしょうか？ そんな「話の面白さ」を試す実験にぜひ挑戦してみてください。

実験
最近、一番面白かった出来事を4コマ漫画にしてみましょう。考える時間は5分です。
（診断結果は、左ページで確認してみてください）

最近、一番
面白かった出来事

なぜスピーチと4コマ漫画が関係あるのでしょうか？ 聞いていて飽きないスピーチには、必ずといっていいほど「ツカミ」と「オチ」、そして話が新たな展開を見せる「転」があります。これが、いわゆる起承転結（四段階の話法）です。

起承転結にはそれぞれの役割があり、4つのパーツがテンポよく展開されることで、聞き手はストーリーに引き込まれていきます。その起承転結の最もバランスのとれた例が、新聞などでおなじみの4コマ漫画です。

自分の4コマ漫画を描き終わったら、次の4つのポイントに自分の4コマが当てはまっているかどうか、ぜひチェックしてみてください。

ポイント
1 4つのコマそれぞれに、内容や時間的な経緯など、明確な違いがある。
2 話の結論（オチ）がある。
3 冒頭でのひきつけ（ツカミ）がある。
4 どんでん返しなど、転換する場面がある。

SAMPLE　テーマ・整理整頓

起　何か事件が起こる。

承　それを受け、物語が進む。

転　思いもよらない「どんでん返し」が起こる。

結　誰もが納得するような決着がつく。

CHECK!

「４コマ漫画実験」診断結果

右ページにあるポイントを、自分の４コマ漫画のなかにいくつ取りいれられていたかで診断しましょう。

- ４つ→話の展開度・漫画家並み
- ３つ→話の展開度・会話で相手を惹きつけられる人
- ２つ→話の展開度・惜しい！　もう一歩で話が面白い人
- １つ→話の展開度・一般レベル
- どれもできていなかった
  →話の展開度・要トレーニング!!

COMMENT
解説①

聞き手が飽きないスピーチの文章バランスとは？

文章の構成を変えるだけで聞き手の反応は変わる

スピーチを作成する際、大切なのが「スピーチの文章の構成と文字量のバランス」です。文章の構成と文字量のバランスが取れていると、スピーチのテンポが良くなり、聞き手を惹きつけることができます。

そして、スピーチを作成する際、活用してもらいたい文章の構成は、2つのパターンがあります。

まずは「序論・本論・結論」で構成する「三段階の話法」。3分以内の短いスピーチに向いています。

もうひとつは「起・承・転・結」で構成する「四段階の話法」。少し長めのスピーチにも応用ができます。

原稿用紙の行数を目安にするとわかりやすいのですが、スピーチの文章バランスの目安としては、次の通りです。

・序論・本論・結論（三段階の話法）
1対3対1…3分以内の短いスピーチ

・起・承・転・結（四段階の話法）
1対4対4対1…長めのスピーチ

これはあくまで目安なので、多少の誤差は構いません。

また、自分が話す内容を一度書き起こしてみると、話の内容も整理され、文字量の感覚を養うことができるので、もしも時間に余裕があればぜひ練習としてやってみてください（なお、原稿用紙1枚・400字をスピーチすると、平均1分～1分半程度かかります）。

「ゼロから自分で原稿を書くのは難しい」と感じる人は、第4日目に勉強した「魔法のシート」からスタートしてみてください。魔法のシートの記入に慣れていくと、自然と文章量のバランスが取れる上、起承転結の変化もつけられるようになります。魔法のシートに記入する場合は、ひとつのボックスだけ情報量が多すぎることがないよう、すべてのボックスの情報量のバランスにも注意しましょう。

序論・本論・結論（三段階の話法）の場合

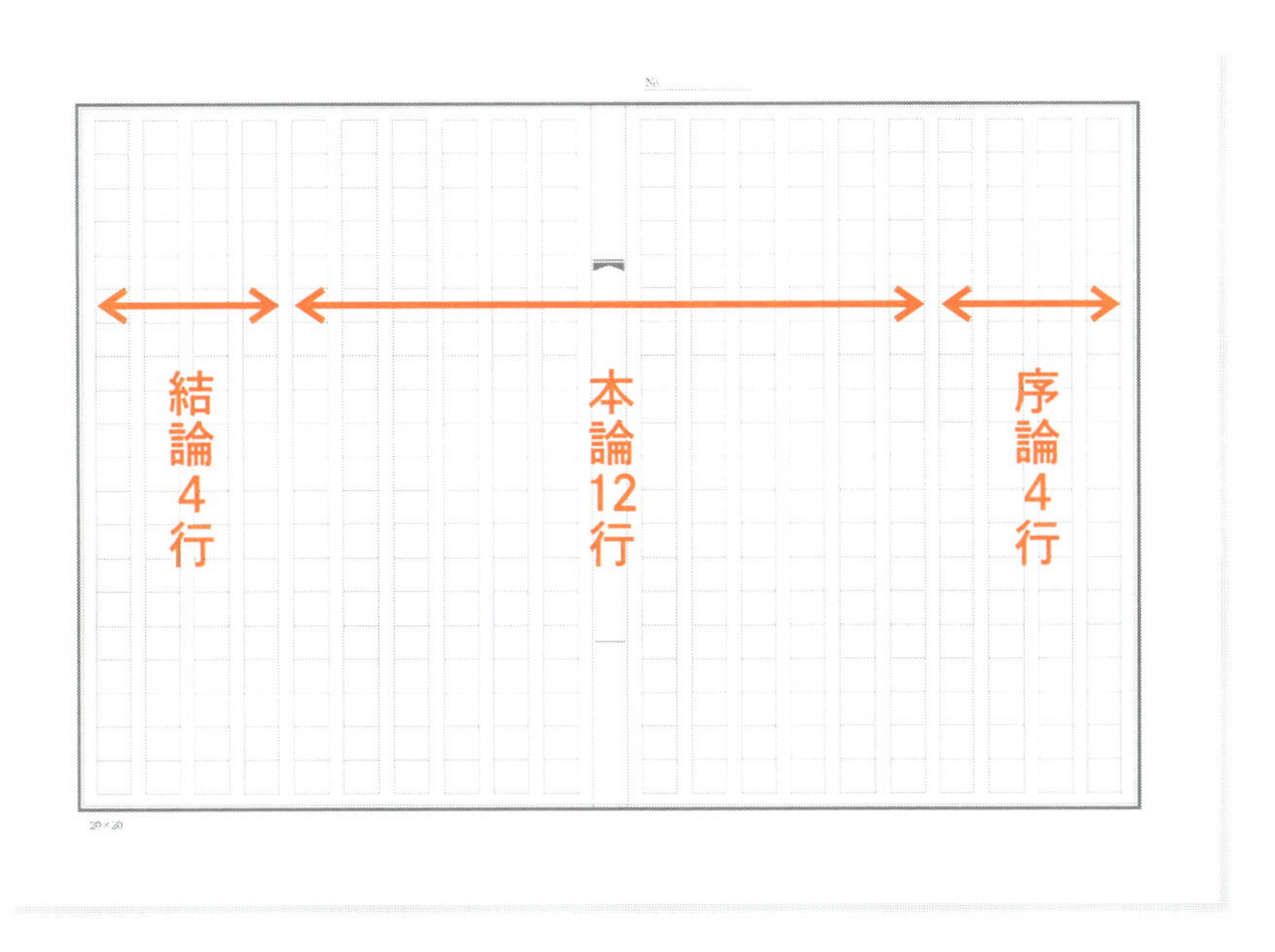

起・承・転・結（四段階の話法）の場合

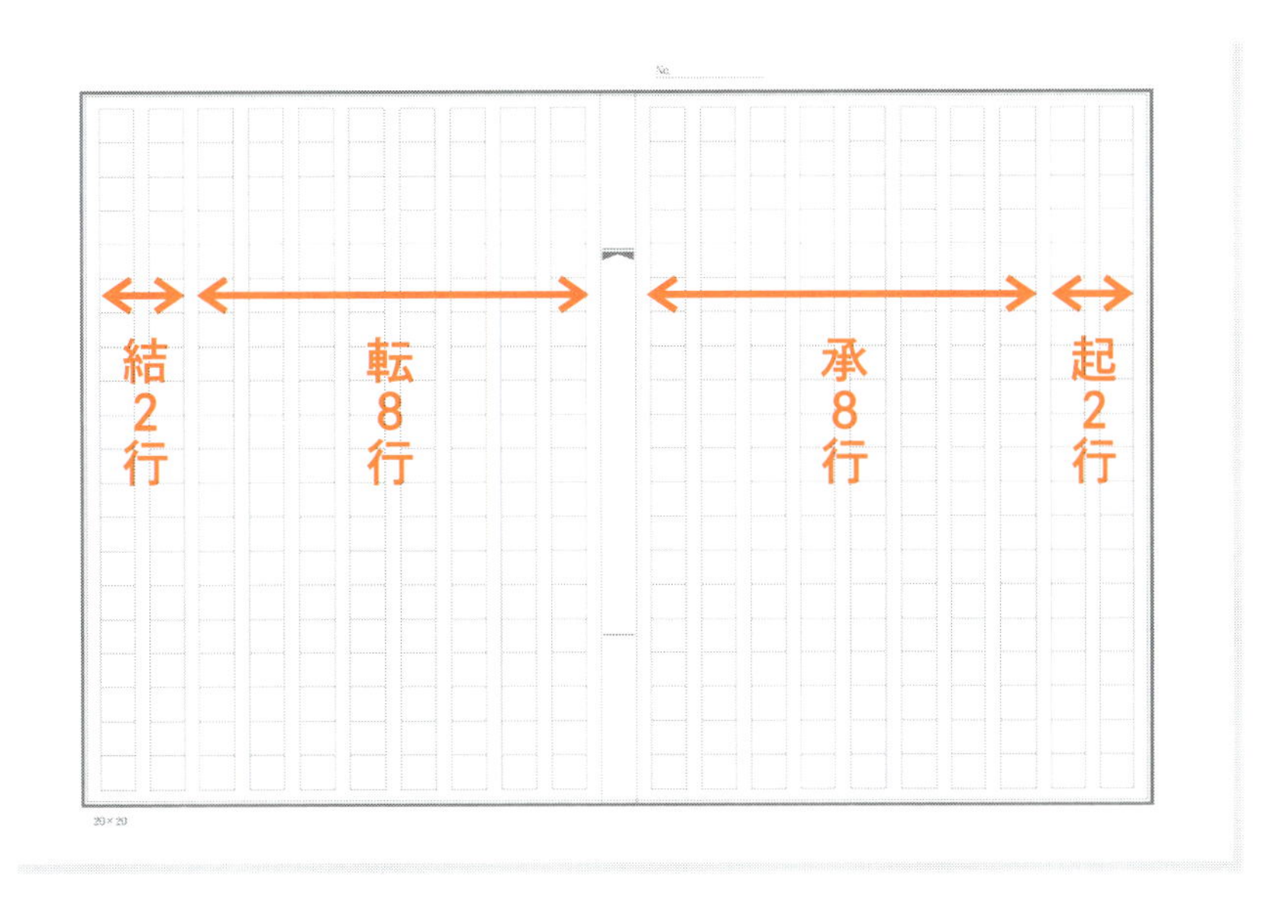

持ち時間が短い場合は、「序論・本論・結論」の三段階の話法がおすすめですが、３分を超すスピーチの場合は、起・承・転・結の四段階にして、話の中に「転」を作ってください。

同じトピックスの話をダラダラと長く話すスピーチは、聞き手を退屈にさせてしまいます。ひとつの話をしばらく話した後、意外な方向に話を展開させることで、「お、話のテーマが変わったぞ！」と聞き手側の注意を惹き、飽きずにスピーチを聞いてもらうことができます。

COMMENT
解説②

立体的なスピーチには、内容のバランスが肝心

スピーチ作成は経験談→一般論の順番で

聞き手を引き込むスピーチを作成する上で、構成や文字量とともに大切なのが、「内容のバランス」です。

スピーチの内容にも鉄則はありますが、それは以下の2つの要素がバランスよく入っていることが条件となります。

・経験談／話し手のパーソナリティが伝わるエピソード、自分の過去の体験や思ったことなど。

・一般論／聞き手にとって有益な知識、タメになる一般的な情報など。

どちらか片方だけで構成されたスピーチは、聞き手の満足度が低くなってしまいます。

たとえば、「最近、私の身近でこんなことがあって……」といった経験談だけで終わってしまうようでは、単なる雑談にしかなりません。反対に「最近テレビでこんなニュースをやっていましたが……」といった一般論だけで構成された話は、オリジナリティに欠ける上、どこか理屈っぽい印象を聞き手に与えてしまいます。

だからこそ、経験談と一般論の両方が入っていることで、よりスピーチに厚みを持たせ、聞き手を引き込むことができるのです。

なお、スピーチを構成する上での理想的な流れとして、望ましいのは「経験談→一般論」です。まずは、誰にとっても身近な経験談からスタートして、その後、数字などのデータや本や新聞などから得た知識を使った一般論に発展させて、聞き手を納得させていきましょう。

これによってスピーチに厚みが出て、聞き手に「タメになったなぁ」と思わせることができます。

これを会議の報告やプレゼンなどに置き換えるなら、「経験談」を自分の考えやお客様の声などの実体験、「一般論」をデータ、統計などにするとよいでしょう。

違う視点から見た複数の「理由」をあげることで、結論に説得力が生まれ、相手を納得させやすくなります。

「私の好きな言葉」のフリートーク例

74ページでご紹介した「私の好きな言葉」のフリートークを、経験談と一般論を起承転結の承と転の部分にバランスよく配置してみました。

- ボックス①＝起・結（好きな言葉のエピソード）
- ボックス②〜④＝承＝経験談（奥様とのエピソード）
- ボックス⑤〜⑦＝転＝一般論（ニイハオの漢字についての知識）

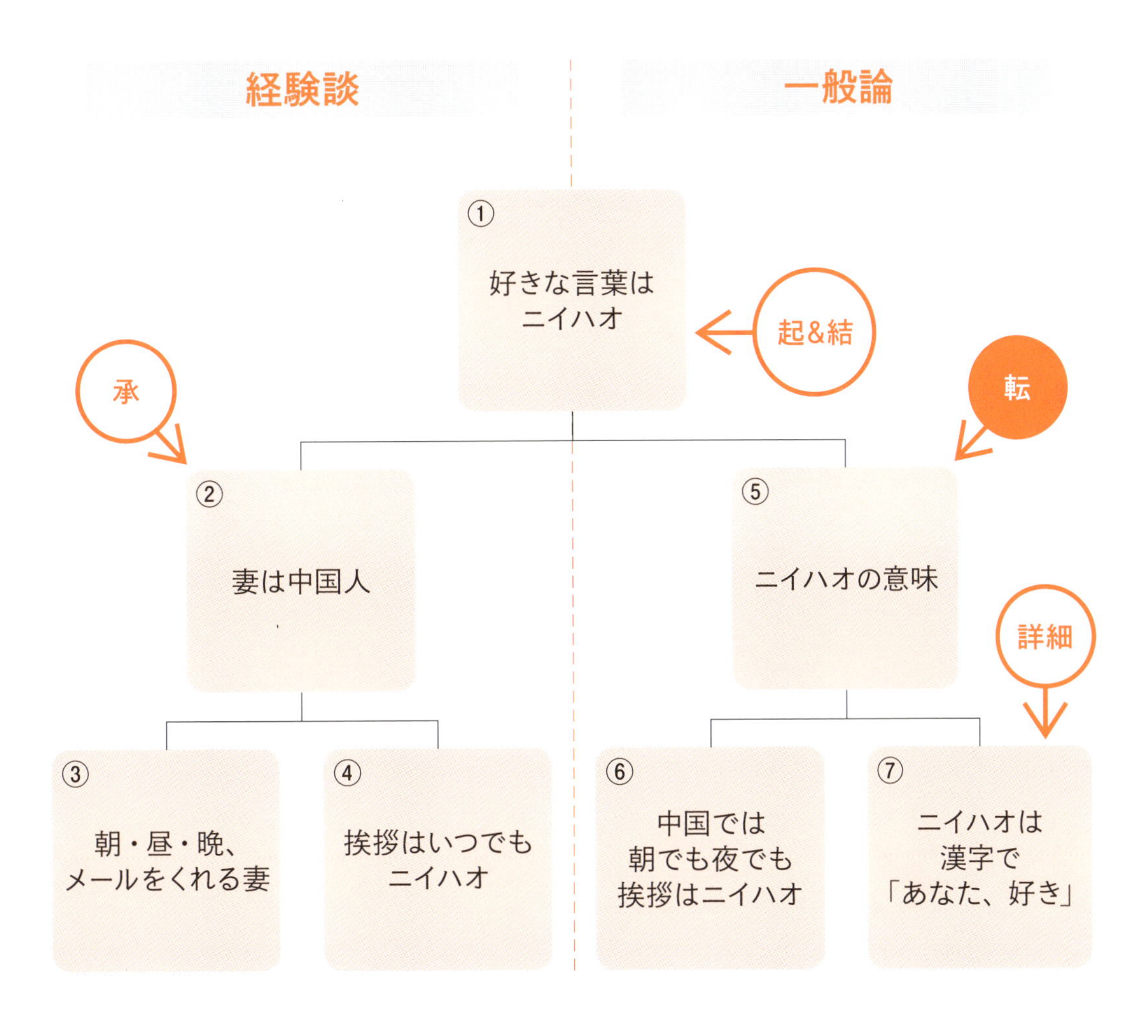

COMMENT
解説③

展開を並べ替えて、聞き手の心をつかむ！

「転」から入って惹きつける、並べ替えの法則

スピーチの冒頭に意外性がある話が出てくるほどに、聞き手は「え!?　いったい何の話が始まるの？」と興味をそそられ、話に聞き入ってくれるようになります。

会議の報告などでは「結論から先に述べるほうがよい」とされる場合が多いですが、「聞き手を惹きつけたい」「印象づけたい」というスピーチのときは、話を展開する順番をわざと変えてみるのもよいでしょう。小説の書き出しなどでも、起承転結の「転」から入る手法がよく使われています。左の文章を読んでみてください。

> 桜の樹の下には屍体が埋まっている！
> これは信じていいことなんだよ。何故って、桜の花があんなにも見事に咲くなんて信じられないことじゃないか。俺はあの美しさが信じられないので、この二三日不安だった。しかしいま、やっとわかるときが来た。桜の樹の下には屍体が埋まっている。
>
> これは信じていいことだ。
>
> 『桜の樹の下には』梶井基次郎

起承転結の「転」は、聞き手が「あっ！」と驚くスピーチ最大の見せ場であり、一番聞かせたい部分でもあります。その「転」を冒頭に持ってくることで、聞き手を「えっ!?なにそれ」と驚かせ、「その話をもっと聞きたい！」と思わせることができるのです。

一番聞かせたい勝負ネタ部分は、できれば一番の山場まで大事にとっておきたい……と思う気持ちもわかりますが、スピーチは冒頭の10秒が命です。スピーチのなかで最も面白いネタをあえて冒頭でぶつけることで、その後の聞き手の態度を大きく変えることが可能です。

よりスピーチの展開を面白くするために、話す項目の順番をシャッフルして、どの順番で話せばよりインパクトがあるのか、いろいろ試してみてもいいでしょう。

インパクトのある順番を考えてみよう！

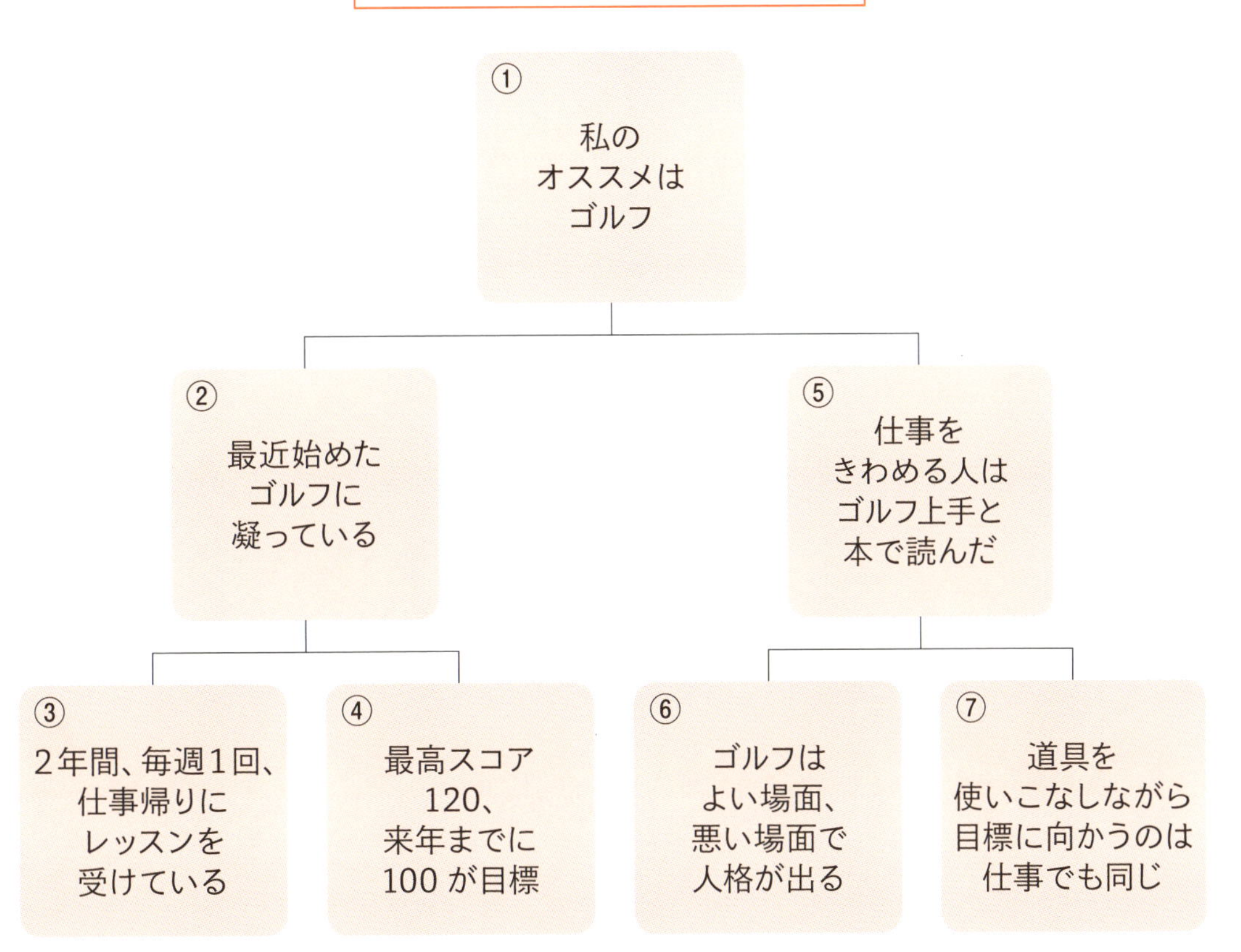

上記のうち、どのボックスから話し始めると、
最もインパクトがあるか考えてみましょう。

例

②の経験談から始めるパターン
「最近ゴルフを始めました！……」

⑤の一般論から始めるパターン
「最近読んだ本に、『仕事をきわめる人はゴルフ上手』とありました……」

TODAY'S TASK
今日の練習①

魔法のシートで立体的なスピーチに挑戦！

起承転結を考えたスピーチを実践！

さて、第5日目で学んだスキルを使って、「起承転結」のあるスピーチを組み立ててみましょう。

前に4コマ漫画を作成した「最近、一番面白かった出来事」をテーマに、左ページの魔法のシートにスピーチ内容を記入してみてください。4コマ漫画は「起承転結」なので、「起」と「結」は違う内容でかまいません。

魔法のシートに記入した後、聞き手にもっともインパクトを与えるには、どの順番で話せばよいかを考えてみましょう。そして、時間を計りながら、実際に声を出してスピーチしてみてください。

練習
スピーチのお題「最近、一番面白かった出来事」
スピーチ時間＝1分間半

まとめ

テンポのある飽きさせないスピーチにするためのポイント

文章バランス →

序論・本論・結論（三段階の話法）
1対3対1（3分以内の短めのスピーチ）

起・承・転・結（四段階の話法）
1対4対4対1（長めのスピーチ）

内容バランス →

経験談（主観）
一般論（客観）
の両方が含まれていること

Let's TRY!

お題：最近、一番面白かった出来事

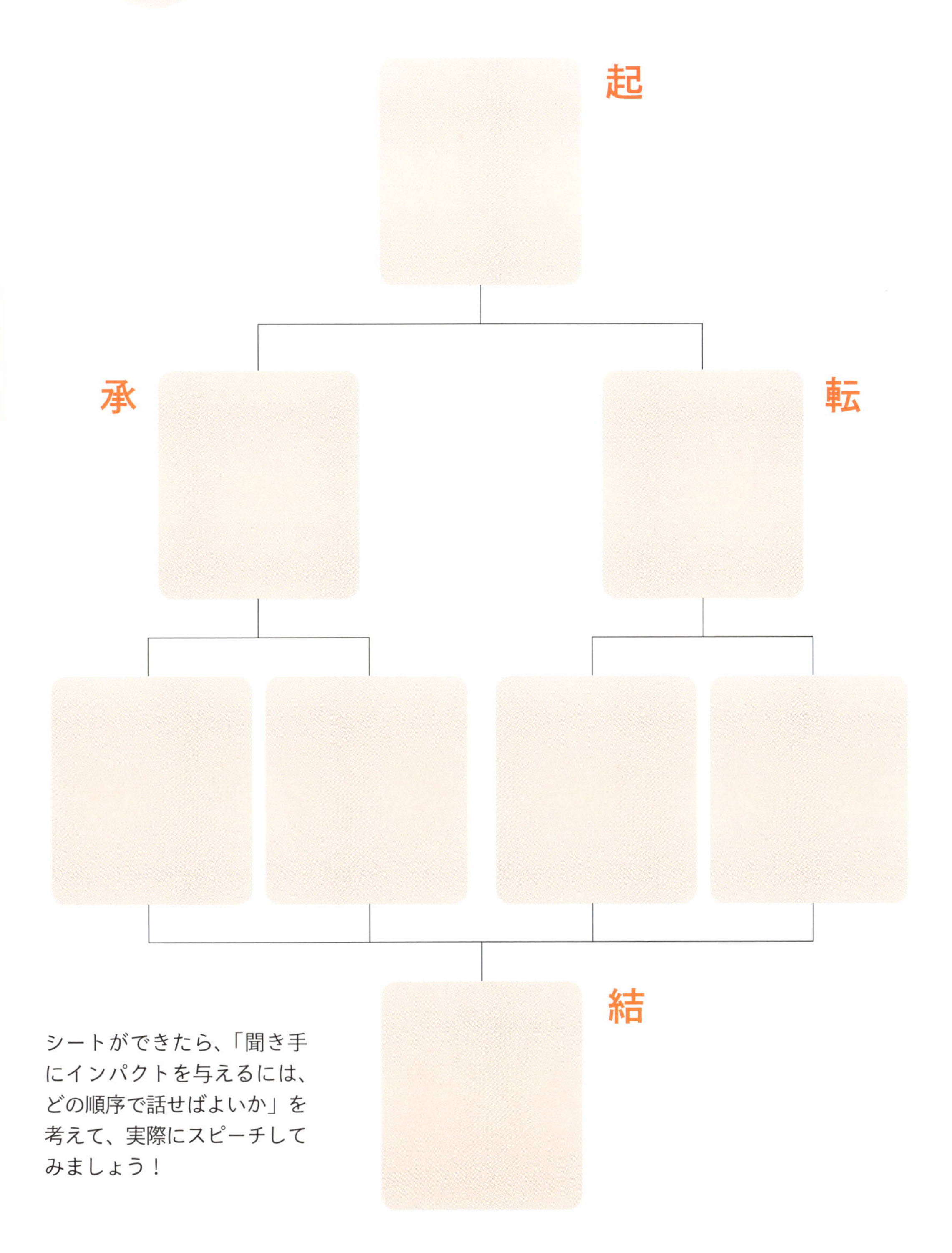

シートができたら、「聞き手にインパクトを与えるには、どの順序で話せばよいか」を考えて、実際にスピーチしてみましょう！

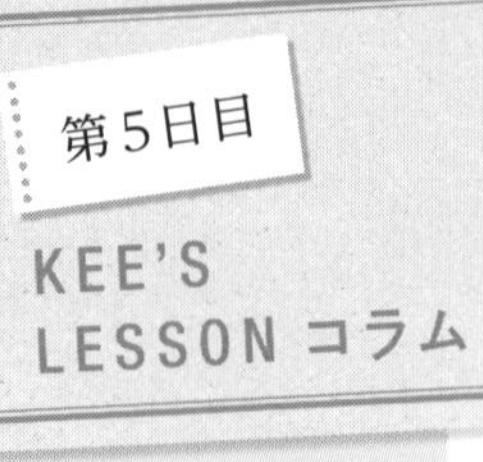

聞き手を飽きさせないスピーチのための「3つのつかみ」を覚えよう

「は・ほ・ふ」で相手の心をつかむ

話し手が、一瞬で聞き手を自分の話へ引き込むために大切なこと。それは「つかみ」を大切にすることです。

スピーチでは、相手がその話に興味を持ってくれるかどうかは「冒頭5秒のつかみで決まる」と言っても過言ではありません。この5秒の間にどんな「つかみ」を用意できるかどうかが、スピーチを成功させる上で肝心になってきます。

では、その「つかみ」は、どうやって作ればいいのでしょうか？　実は「つかみ」にはいくつかのパターンがあります。なかでも、代表的なパターンとして、ぜひ覚えておいていただきたいのが次に紹介する「は・ほ・ふ」の3つです。

「は」ハッとさせる

これは、聞き手を思わず「ハッ」とびっくりさせるようなつかみのこと。スピーチの冒頭で、「私は、自分の妻よりも隣の奥さんと長い時間を過ごしています」「これまでに私は、3回ほど部下に怒られたことがあります」といった、聞き手が「え、どうして？」と思うような情報を披露し、惹きつけていきます。

ポイントは、最初に情報をすべて伝えず、わざと不完全なまま伝えること。「起承転結」の「転」から入ることで、「これからどんな話が始まるのだろうか？」「あの冒頭の話は、どういう意味だったのだろうか？」と、聞き手に期待感やワクワク感を抱かせながら、スピーチに引き込むことができます。

【例】

「私はこれまでに3度、警察のお世話になったことがあります」

「私の趣味は……まったくの無趣味です」

「ほ」ホッとさせる

聞き手の心が「ホッ」と和み、思わず笑みを浮かべるようなつかみのことです。自分の心情や人物像にまつわる話題や笑いを生みそうな温かい話題から入って場を和ませます。

郵便はがき

おそれいりますが
切手を
お貼りください

141-8210

東京都品川区西五反田3−5−8
株式会社ポプラ社
一般書編集部　行

お名前	フリガナ	
ご住所	〒　　-	
E-mail	@	
電話番号		
ご記入日	西暦　　年　　月　　日	

上記の住所・メールアドレスにポプラ社からの案内の送付は必要ありません。□

※ご記入いただいた個人情報は、刊行物、イベントなどのご案内のほか、お客さまサービスの向上やマーケティングのために個人を特定しない統計情報の形で利用させていただきます。

※ポプラ社の個人情報の取扱いについては、ポプラ社ホームページ（www.poplar.co.jp）内プライバシーポリシーをご確認ください。

ご購入作品名

■この本をどこでお知りになりましたか？

□書店（書店名　　　　　　　　　　　　　　　　　　）

□新聞広告　□ネット広告　□その他（　　　　　　　　）

■年齢　　歳

■性別　　男・女

■ご職業

□学生（大・高・中・小・その他）　□会社員　□公務員

□教員　□会社経営　□自営業　□主婦

□その他（　　　　　　　　）

ご意見、ご感想などありましたらぜひお聞かせください。

ご感想を広告等、書籍のPRに使わせていただいてもよろしいですか？

□実名で可　□匿名で可　□不可

一般書共通

ご協力ありがとうございました。

たとえば、人前に立つと、心臓の音が聞こえそうなほど緊張してしまう方はいませんか？　そんなときはストレートに心情を告白してみましょう。例えば、スピーチ冒頭に「実は、自分で心臓の音が聞こえるくらい緊張しているんです」と言葉にしてみましょう。すると、緊張が不思議と落ち着いてきます。また、「最近、ダイエットしているので会場まで走ってきました」といった自分のキャラクターを感じさせる一言を入れ込むことで、聞き手の興味を惹き親近感を抱いてもらいやすくなるのです。

【例】

「この場に立つと、みなさんの熱い眼差しで、心臓がドクドクいっています」

「実は、薄毛とゴルフのスコアのほかに、とても悩んでいることがあります」

「ふ」ふと考えさせる

聞き手が耳にした瞬間に、「それはどういうことなんだろう」「自分だったらどうするだろう」などと、「ふと」相手に考えさせるような一言も、聞き手の心をつかむ上では非常に効果的です。たとえば、「もし、あなたの寿命があと1年しかないとすると、何をしたいですか？」「ここで、経営におけるアイデア力を試すクイズをお出しします」などといった、聞き手が一緒に考えたくなるような問題提起をすることで、相手の心をつかむことができるのです。

【例】

「日本中の社長が、社員に求めること第一位は何だと思いますか？」

「あなたのビジネス力を知るために、3つの質問をします」

なお、これら「は・ふ・ほ」のつかみのフレーズを言うときには、ぜひ2つのポイントに気を付けてください。

まず、ひとつめは、「堂々とした態度を崩さないようにする」ということ。「これを言って引かれたらどうしよう」「ウケないんじゃないか」と心配したり、考えたりしていると、その迷いが相手に伝わってしまって、ツカミの効果が半減してしまいます。一度やると決めたなら、戸惑いは捨てて、ビシっと決めてしまいましょう。

もうひとつの注意点としては、できるだけ「つかみ」の部分は短い文章でまとめること。冒頭の「つかみ」は、短ければ短いほどにインパクトがあります。挨拶などの長い前置きを入れてしまうと、せっかくの言葉のインパクトを損なってしまいます。できるだけ、前置きは少なくしましょう。

第５日目

KEE'S
アフタートーク

スピーチ力が格段にアップする！トーク用のネタ帳の作り方

第５日目でもお話ししたように、人前でスピーチをするときには、自分の経験を話す「経験談」と、聞き手にとって有益な知識が入った「一般論」が重要です。

とはいえ、「そんなに都合よく経験談と一般論をうまくつなげて、スピーチができるのかが心配だ……」という方に、おすすめしたいのが、「日ごろから、ネタ帳を作っておく」というものです。作り方は非常に簡単です。

まず、ご用意いただきたいのがＡ４のノートです。ノートを開いたら、左ページには「一般論」として、自分の気になったニュースの切り抜きを貼ったり、本のなかのフレーズや驚いたデータなどを書き込んだりしていきましょう。

一方の右ページでは、上下を半分に区切り、上段には「左ページのニュースや出来事、フレーズについて、なぜ自分はいいと思ったのか」「このニュースを見て、どう思ったのか」「自分の仕事に共通する部分はどんな部分なのか」といったメモを、箇条書きで書き込んでいきます。

そして、右ページの下段には、ここまでで何度もご紹介してきた「魔法のシート」を書き込み、「どうしたらこのニュースをネタにスピーチができるのか」といったロジックを、一般論と経験論の両要素を入れて、組み立てていきましょう。その後、「魔法のシート」が完成したら、そのロジックをもとに、１～２分のフリートークとして話してみると、スピーチの構成力がメキメキ上がります。

なお、１回のスピーチにおける「経験談」と「一般論」の割合は、「５対５」が理想的。たとえば、１分間であれば、30秒で話題を転換するくらいがベストです。

ネタ帳の作り方

一般論	経験論 / ロジック
新聞や雑誌のニュースの切り抜きや本で気になったフレーズ、ニュースなど	**経験論**　左ページの一般論に対する自分の感想 **ロジック**　左ページと右上ページを受けた魔法のシート

ポイント

日ごろからネタ帳を作っておくことで、スピーチの「ネタ不足」に備えましょう！

動画で復習！ VLPメソッド

Logical Message
構成・ロジック編

Power Voice
発声・発音

Attractive Performance
パフォーマンス

Power Speech
メッセージを伝える話し方

Logical Message
構成・ロジック

4、5日目、お疲れ様でした！　第2章では、ビジネスの場やプライベートでも使える、「魔法のシート」を使ったロジカルシンキングの考え方についてご説明しました。「構成・ロジック（Logical Message）」は、わかりやすい話し方を実現するにはとても大切な要素になります。なお、このロジカルシンキングトレーニングは、KEE'Sの受講者の半分以上が、「最も役に立つメソッド」と答えたオリジナルメソッドです。ぜひ、第2章の内容も、オリジナル動画を参照に、しっかりとトレーニングしていってくださいね。

第2章の復習トレーニング

ロジカルシンキングトレーニング（フリートーク編）

ロジカルに話を整理して、組み立てることで、より聞き手にとって伝わりやすい話し方を実現することができます。動画のなかでは、「魔法のシート」を使って、どうやってフリートークを論理的に整理して、伝えていくべきかをご紹介していきます。「魔法のシート」に入れるべき情報や要素、そしてそれぞれの要素を話すときの順番などについて、詳しく解説していきます。

●上記トレーニングの動画は
こちらのURLで確認！
https://youtu.be/Ujd_I3hC98k

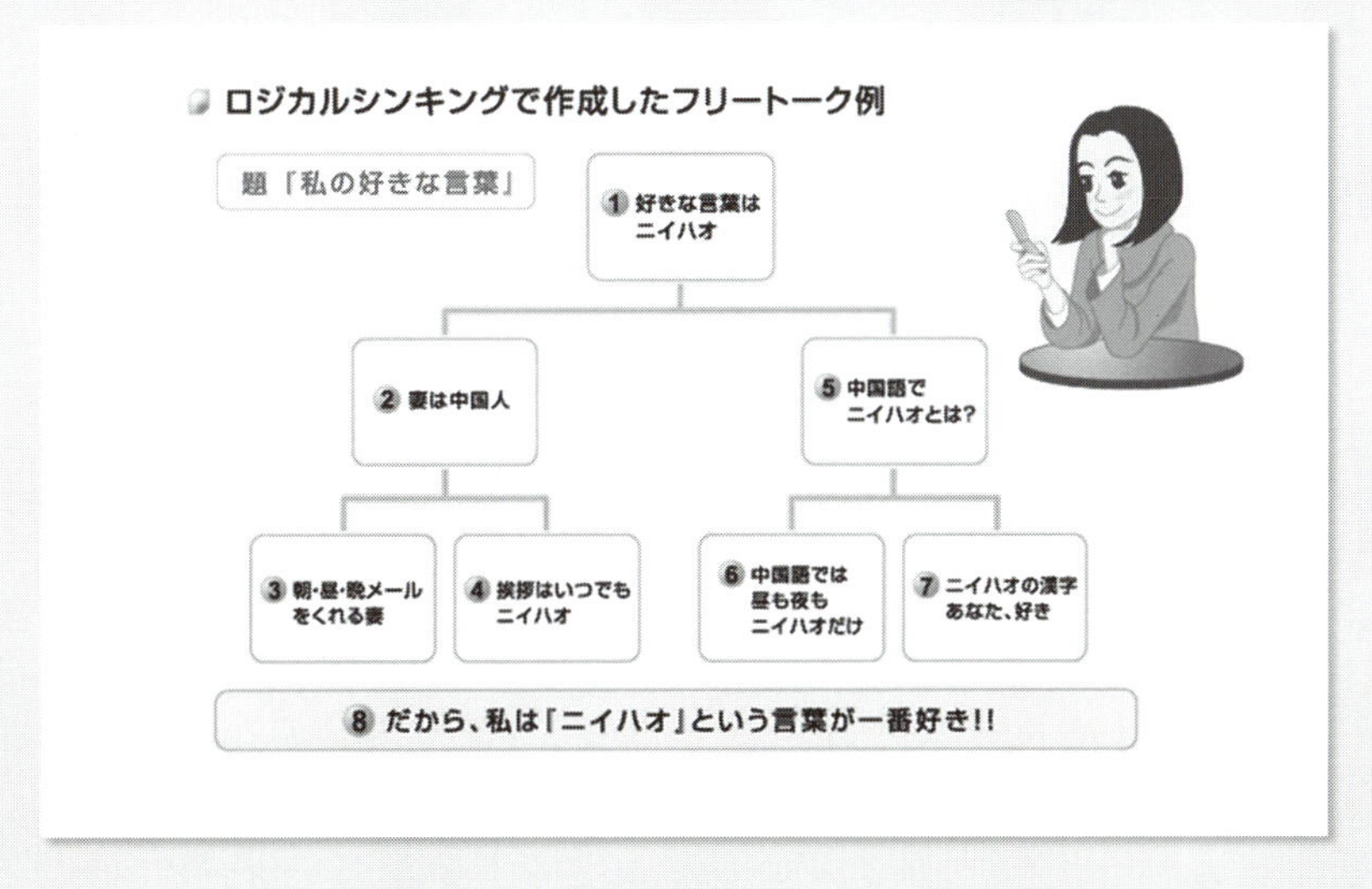

＊スマートフォンの機種やアプリによって、動画に飛べない場合があります。その場合は、URLを打って動画をご覧ください。

第3章

2日間で身につける!「緊張に打ち勝つ話し方」

第６日目

スピーチのプロが実践する緊張対策テクニック

第７日目

「スピーチパフォーマンス」で聞き手を惹きつけよう

あなたの緊張は良い緊張？　それとも悪い緊張？

話し方のレッスンもいよいよ最終章を迎えました。
みなさんの状態をスポーツにたとえるなら、腹筋や走り込みで基礎体力をつけ、正しいフォームや道具の使い方を覚えた段階。ここから試合で勝利するには、最後の「心」を養う必要があります。

スピーチにおける「心」とは、伝えたいという気持ちです。言い換えれば、「誰のために、どんなスピーチをするのかという明確な使命感」こそがスピーチの心と言えるでしょう。

もし、あなたがスピーチに緊張したり、プレッシャーを感じていたりするとしたら、それは自分に意識が向いているからこそ。スピーチの心を理解している人の共通点は、「どうしたら聞き手に上手く伝わるか？」「この説明でわかってくれるだろうか？」と聞き手のことを考えた、よい意味での緊張やプレッシャーを感じて演壇に立っていることです。そして、この使命感こそが、本当に優れたスピーカーに共通する最後の要素なのです。

「スピーチが好きか嫌いか？」と聞かれたら、ほとんどの人は「嫌い」と答えるでしょう。プロのアナウンサーでも、スピーチをする際はプレッシャーを感じるものです。でも、スピーチの正しい仕方を知っているからこそ、プレッシャーはありつつも「嫌い」とは感じません。

欧米では、子どもの頃の学校教育にディベートやディスカッション、スピーチの大会……と話すテクニックを学ぶ授業が取り入れられています。大人になってからは、プレゼンやスピーチで話し方のスキルを試されます。欧米の人のプレゼンやスピーチが上手に感じられるのも、そのためなのです。

話し方の教育を受けないまま大人になって、突然演壇に立つ日本人が、スピーチ嫌いなのは当たり前。「知らない」からこそ怖さを感じてしまうのです。でも、しっかりスピーチのやり方さえ知っていれば、その恐怖は克服できます。ぜひ、この本で最後まで「話し方」の方法を学び、スピーチ嫌いを克服してください。

第6日目

スピーチのプロが実践する緊張対策テクニック

大勢の前で話すスピーチは、慣れていないとやはり緊張してしまうもの。
緊張はスピーチの大敵で、極度の緊張状態でスピーチをすると
「声が出なくなる」「話す内容を忘れる」「早口になる」「表情がこわばる」
などのトラブルが発生して、伝わりやすいスピーチが
できなくなってしまいます。
でも、逆に自分の緊張をコントロールすることさえできれば、
伸びやかに声を出し、話す内容がロジカルに整理されたスピーチ
を実現することができます。
そこで、第6日目は、緊張の概念を見直し、
プロが実践する緊張対策テクニックをご紹介します。

EXPERIMENT
実験①

自分が緊張する理由を分析してみよう

緊張の理由を知れば、対策はできる

しっかり準備していったはずなのに、人前に立って話し始めようとした瞬間に、頭が真っ白になってしまう……。そんな経験をしたことがある人も案外多いのではないでしょうか？

緊張しないように自己暗示をかけても、慣れないうちは演壇に立つと緊張するものですし、一言に「緊張する」と言っても、人によって緊張感を抱いてしまう理由は千差万別です。だからこそ、大切なのは、「緊張の原因を知り、仮に緊張したときに、どう自分をコントロールし、対策をしていくか」ということ。

そこで、「自分はどういう状態だと緊張するのか」を知るために、次の実験にぜひ挑戦してみてください。

実験
あなたがスピーチをしているときを思い出し、以下に当てはまるものをチェックしてください。

- □何を話すのか内容を忘れてしまう。（A）
- □自分の用意してきた話は面白いだろうかと気になってしまう。（B）
- □大勢の人の前に出た瞬間、それまで緊張していなかったのに、動悸が激しくなる。（C）
- □初対面の人と打ち解けるまでに、かなりの時間がかかる。（B）
- □話したいという気持ちよりも、恥ずかしいという気持ちが勝ってしまう。（C）
- □言葉が出てこなかったらどうしようと不安なことが多い。（A）

（診断結果は、左ページで確認してみてください）

それぞれの項目の文末にあるアルファベット（A・B・C）が、あなたのスピーチがうまくいかない要因です。最も多く当てはまるものが、あなたのタイプになります。

Aに多く当てはまった人は、「準備不足」が要因で緊張してしまうタイプです。事前準備をしっかりして自信を持ちさえすれば、スピーチで緊張することが減るかもしれません。

そして、Bが多かった人は「プレッシャー過敏」なタイプと言えます。意識が聞き手ではなく自分に向いている可能性が高いです。

Cが多かった人は「異空間アガリ」タイプです。大勢の人や初めての人に接すると気持ちが高揚して、自分をコントロールできなくなる傾向があります。

どれかひとつの要因だけではなく、3つの緊張が複合的に起こっている場合も多いです。「全部に当てはまった！」という方も、心配せず、第6日目で緊張対策のテクニックを学んで、緊張知らずのスピーチ力を手に入れましょう！

CHECK!

「タイプ別緊張分析実験」診断結果

右ページの実験結果で、最もチェックが多かったアルファベットはどれでしょうか？　多かったアルファベット別に、自分のタイプをチェックしてみましょう。

A 準備不足タイプ

あなたの緊張は「スピーチの内容を詰めきれていない」「声に出して練習をしていない」「自分のスピーチの所要時間が把握できていない」……など、準備不足から来る不安が原因です。きちんと事前に十分な練習や話の内容の整理を行うことで、現状が改善されるはずです。

B プレッシャー過敏タイプ

あなたの緊張は「自分は上手く話せるだろうか」「自分のネタはウケるだろうか」など、自分で自分へのプレッシャーを感じてしまうことから起こっている可能性が高いです。意識が聞き手ではなく、自分に向いてしまっているので、まずは「聞き手」へ意識を向けることを徹底しましょう。

C 異空間アガリタイプ

あなたの緊張は「演壇に立った瞬間、大勢の目線に圧倒されてしまう」「初めての場所で初めての人と会うと緊張する」など、自分にとって異空間となる環境や相手に接すると、高揚感を抱いてしまい、その感情がコントロールできず、アガってしまう可能性が高いです。当日は会場に早めに行ってイメージトレーニングをしたり、日ごろから知らない場所や大勢の前で話したりする機会を増やして、徐々に異空間に慣れていくとよいでしょう。

COMMENT
解説①

自分が緊張したときのクセを知ろう

緊張を「見せない」ことが好循環を生む

スピーチをする上で、ぜひ覚えておいていただきたいのが「心・体・声」の3つの要素です。

実はこの3つの要素は、それぞれ密接に関係しています。心が緊張すると、体の筋肉がこわばり、体や表情が硬くなり、当然、声も出にくくなります。

すると、脳が体や声の変化を察知して、「あなたは今、緊張していますよ」という指令を出すようになり、さらに体や声が硬くなってしまうのです。これを「緊張の悪循環」と呼びます。

よく「プロは緊張しないんでしょう?」と言われがちですが、アナウンサーでも人前で話をするときは緊張するものです。オンエア中は、毎回手が震えたり、背中にじわっと汗がにじむことも多いです。また、一度カメラが回り始めたら、突発的な出来事が起こっても誰も助けてくれないという緊張を常に抱いています。

でも、プロとしては、緊張を表に出すわけにはいきません。なぜなら自分の緊張が聞き手に伝わってしまうと、相手にも緊張を与えてしまい、話の内容に集中してもらえなくなるからです。

ただ、緊張することは、必ずしも悪いこととは限りません。緊張することと、テンションが上がることは紙一重。高いテンションは良いスピーチには欠かせないものなので、緊張をポジティブな循環にもっていければ、強い武器にもなりえます。常に平静に見えるアナウンサーも、緊張はしています。ただ、自分の緊張を聞き手に悟られないように、テクニックを駆使しているのです。落ち着きを演出することで、聞き手に安心感を与えつつ、人を惹きつける「ポジティブな緊張の循環」を作っているのです。

自分が緊張しているときのクセを知ろう

では、どうしたら「ポジティブな緊張の循環」を作ることができるのでしょうか? それは、緊張していても「緊張していないように見せる」ことです。仮に「緊張してい

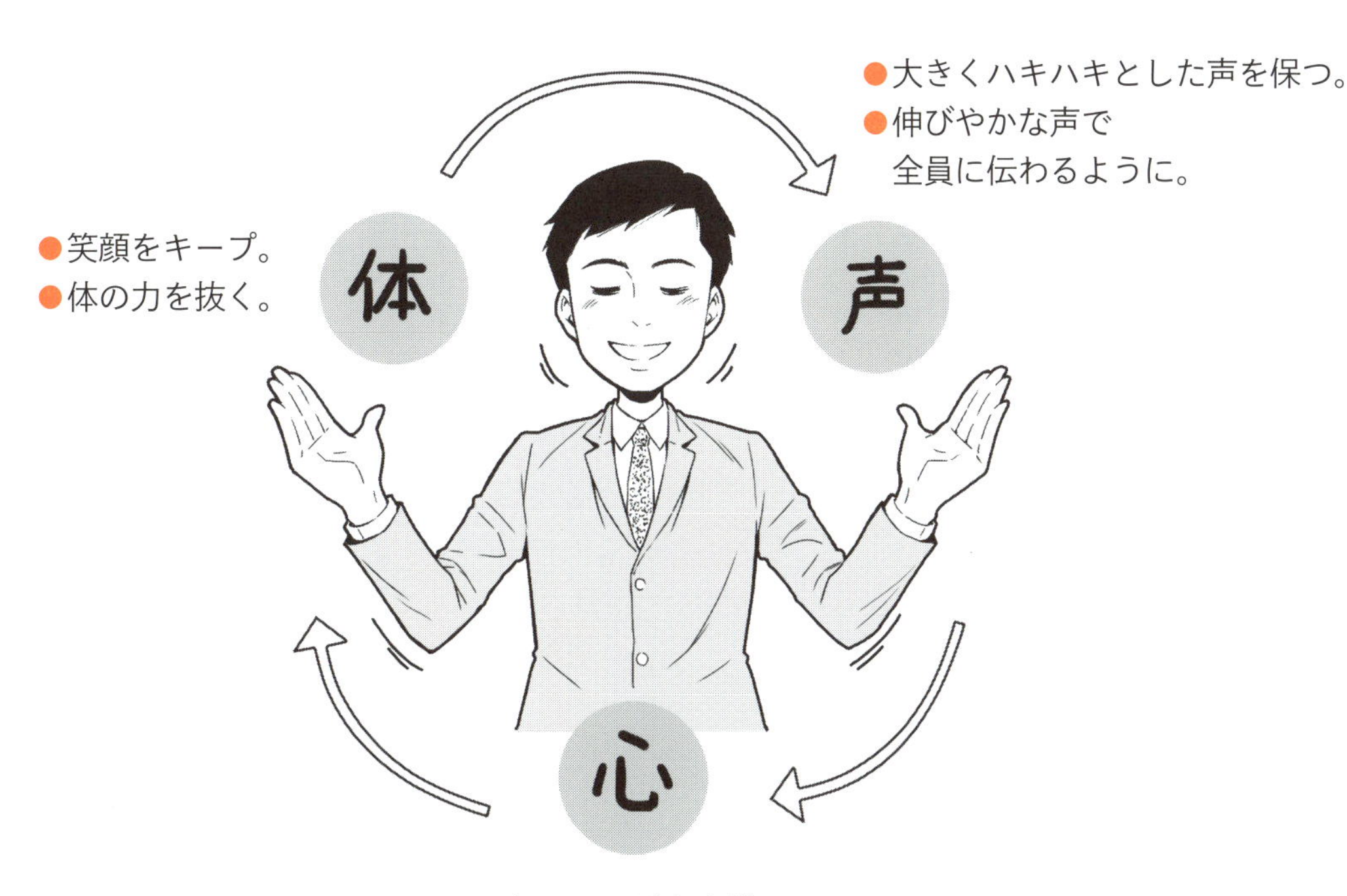

るな」と感じても、平静を装うことで、他人に緊張を悟られず、自分の緊張をコントロールし、良い循環を起こすことができるのです。

また、自分自身が「緊張していない動作」をするうちに、緊張の好循環が起こり、脳も体もリラックスし始めます。

その上で大切なのが「自分が緊張すると出やすいクセ」を事前に知っておき、それを封印することです。

人が緊張すると出やすいクセにはいくつかのパターンがあります。その代表的なものは、次の３つです。

緊張していると出やすいクセ

・姿勢の乱れ
・目線の乱れ
・口調の乱れ

これらのクセが出ていると、見ている人に「あ、あの人は緊張しているな」と伝わってしまいます。逆にこれらのクセを封印し、緊張していないように見せるパフォーマンスをすれば、見ている人の目には「あの人は落ち着いて堂々としているな」と映ります。

次ページからは、「姿勢・目線・口調」というそれぞれの緊張のサインへの対策について解説していきます。

COMMENT
解説②

緊張のシグナル「姿勢の乱れ」を直そう

スピーチ中の理想的な姿勢とは？

人が緊張したときに出やすいクセのひとつが、「姿勢の乱れ」です。聞き手に緊張感や悪い印象を与える姿勢の乱れとして、代表的なものは以下になります。

◎緊張したときの「姿勢の乱れ」の例

【足】片足重心になる・お腹を突き出して立つ・ブラブラと無駄に動く

【手】ベルトや時計にやたらと触る・頭を掻く・鼻を触る

【腕】腕組み（前組み・後ろ組みどちらもNG）

緊張すると体の筋肉がこわばってくるので、それを解きほぐそうとして「無駄な動き」を生んでしまう場合があります。その動きが頻繁になってくると、「落ち着きがない」「動揺している」と思われてしまいます。

また、体の前での腕組みは、心理学的にも「相手を受け入れない」という心を閉ざすジェスチャーになりますし、後ろで手を組んでいる状態も「偉そうな人」という印象を与えてしまいます。

スピーチ中に理想的な姿勢を保つため、注意してほしいのは、次の2つのポイントです。

1 壁と平行になるように姿勢をまっすぐに正す

スピーチの前に、壁にかかと、お尻、肩、後頭部をつけ、一歩前に出て、その姿勢を記憶しておきましょう。その姿勢を保ったまま、演壇に上がると完璧です。時間がたってもその姿勢を崩さないように心がけて。スピーチ中でも客観的に自分の姿勢をチェックするようにしましょう。

2 腕の位置はズボンの横をキープ

腕はぶらぶらさせず、ズボンの縫い目に沿う位置に置くように意識すると、自然と胸を張った状態になります。手を横に添え続けるのがつらいという人は、体の前で、利き手の甲を反対の手で覆うようにしたり、演台の上に添えたりしてもかまいません。

自分のクセはなかなかわかりにくいもの。「自分がどんな姿勢かわからない」という人は、スピーチ中の自分の姿勢を誰かに見てもらい、指摘してもらってもよいでしょう。

姿勢を正すだけで、印象はガラリと変わる！

乱れた姿勢

だらしない印象を与えがち！

- 片足重心。
- ベルトや時計などに触る。
- 頭を掻く。
- 鼻に触る。
- 腕の位置が不安定。

正しい姿勢

良い姿勢を保つと、堂々とした雰囲気に！

- 壁と平行になるようにまっすぐな姿勢を保つ。
- 腕はズボンの横に置く。

正しい姿勢の作り方

❶スピーチの直前に、壁と平行になるようにまっすぐと背筋を伸ばしてみましょう。
❷スピーチ中もその姿勢をキープしましょう！

COMMENT
解説③

「目線の乱れ」を直して、緊張を防ぐ!

緊張がばれるクセ1位は「目線の乱れ」

「あ、あの人緊張しているみたいだな」と、スピーチ中にバレやすいクセの第1位は「目線の乱れ」です。緊張したときに、よく起こりがちなのが次の3つです。

◎緊張したときの「目線の乱れ」の例

・**まばたきが必要以上に多い。**

・**目線が泳ぐ。**

・**原稿に終始目線を落としたままになる。**

人間は緊張するとまばたきが異常に多くなったり、天井や地面など四方八方に目線が動いたりしやすくなります。目線の乱れが始まると、脳にも緊張が伝わりやすくなり、先ほどご紹介した「緊張の悪循環」に陥りやすくなります。だからこそ肝心なのが、目線の乱れを抑え、一定の方向にキープすること。

とはいえ、緊張しているときに目線が泳いでしまうことを、どうしたら防ぐことができるのでしょうか?

対策としておすすめなのは、「ワンセンテンス&ワンパーソン」というテクニックです。

これは、1つのセンテンスごとに、会場にいる1人に向かって話しかけるように目線を配るというもの。会場の左から右に、また右から左に、まんべんなく視線を動かすことで、自分自身の緊張も解きほぐされますし、目線が落ち着きなく泳いでしまう事態を防ぐことができます。また、聞き手側にしても、話し手から目線を向けられることで「自分に向かって話しかけてくれている」という気持ちを抱きやすくなります。結果、聞き手の心に強烈なメッセージを伝えることができ、会場全体と打ち解けて話すことができるのです。

もしも会場が広い場合は、会場にいる聞き手を3~4つのブロックに分けて、ブロックごとにワンセンテンスずつ目線を左右に移動させましょう。こうすることで、会場全体にまんべんなく目線を配ることができます。

聞き手の顔を見ると緊張してしまう人は、顔は聞き手に向けつつも、目の焦点自体はテーブルの花やマイクなどに合わせるなどしてもよいでしょう。

客席の広さによって、目線の動きを使い分けよう！

狭い会場の場合は、「ワンセンテンス&ワンパーソン」で！

狭い会場の場合は、ワンセンテンスごとに、会場にいる聞き手１人ずつに目線を移動させましょう。

広い会場の場合は、「ワンセンテンス&ワンブロック」で！

広い会場の場合は、聞き手を３〜４つのブロックに分けて、ワンセンテンスごとに１つのブロックに目線を配るようにしましょう。

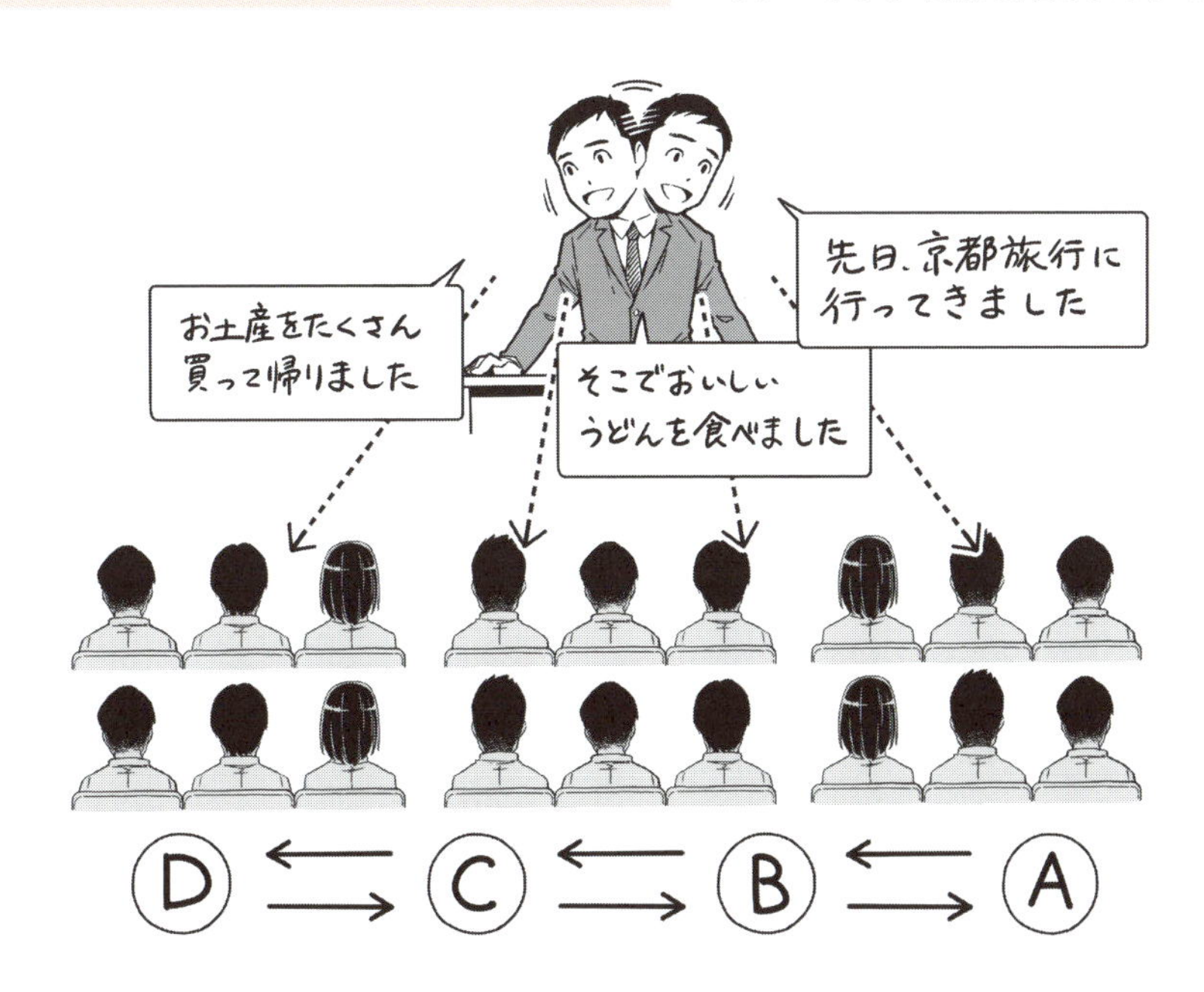

COMMENT

解説④

「口調の乱れ」のクセを知って、緊張対策を！

スピーチ冒頭での「え～」は禁句！

日常生活では堂々とした話し方をしている人でも、緊張すると、つい口調が乱れることはよくあるもの。ここでは、そんな代表的な3つの「口調の乱れ」とその対策法について、ご紹介していきます。

1「え～」「あの～」など無駄な言葉を連発する

「え～、ただいまご紹介にあずかりました●●です」など、スピーチ冒頭に「え～」「あの～」と言うクセは、スピーチ研修でも8割の人に見られるほど代表的な「口調の乱れ」です。また、冒頭だけでなく、途中に「え～」「あの～」を連発する人は多いです。これは「無言の状態が怖い」「言いたいことが整理できていない」「恥ずかしさを隠したい」などが原因ですが、聞き手に対して緊張感や間延びした印象を与えてしまいます。

〈対策〉

日ごろから意識的に「え～」「あの～」という一言を、封印することが肝心です。もしもこの言葉を言いかけたら、ぐっと飲みこむクセをつけましょう。すると、そこに「間」が生まれます。「間」が生まれることを怖がる人もいますが、第3日目でご紹介したように、「間」があることで、聞き手に話を頭の中で整理させたり、前後のトピックスを印象づけたりする効果が生まれ、逆に良い結果をもたらしてくれます。

2早口になる

緊張すると「早くその場を立ち去りたい」「用意してきた話を忘れる前に、口にしてしまいたい」という気持ちから、いつも以上に早口になってしまうことがあります。ただ、早口でのスピーチは、聞き手にとって聞き取りづらい上、話の内容を理解しづらくなるため、絶対にNGです。

〈対策〉

緊張すると早口になりがちな人への対策としては、「子どもやお年寄りでもわかるくらいのゆっくりとしたスピード」を心がけるというもの。相手がかみ砕いて理解できる

口調の乱れを正して、堂々とした話し方に！

ポイント

- 「え〜」「あの〜」の封印（特に冒頭の「え〜」に要注意！）。
- 子どもやお年寄りに話しかけるように、ゆっくり、諭すようなスピードを心がける。
- 普段の話し方より、口の筋肉を使うように意識して、口を大きく開けて話す。

ように、ゆっくり諭すような速度を意識していきましょう。

3 唇がとがり、口先だけで話す

緊張すると顔の筋肉がこわばり、口の開きや舌の動きが悪くなり、口先だけでモゴモゴと話す「ボソボソスピーチ」になりがちです。でも、口の周りの筋肉がこわばり、唇を突き出して、口先だけで話すようになると、声が小さくなって聞き手が聞き取りづらくなる上、どこか理屈っぽく、不機嫌な印象を与えてしまいます。

〈対策〉

対策としては、普段の話し方より口を大きく開け、口の筋肉を動かしながら話すよう意識しましょう。口を大きく開ければ、自然と声も大きくなり、聞き手にも聞き取りやすい声が出せるようになります。

さて、いかがだったでしょうか？

口調が乱れてしまう傾向や対策を知っておくことで、緊張が緩和され、堂々とした話し方を手に入れることができます。ぜひ、自分のクセを知って、日ごろのスピーチに役立ててみてくださいね！

TODAY'S TASK
今日の練習①

緊張を見せないフリートークに挑戦！

緊張はしても、緊張を見せなければ勝ち！

ここまでご紹介してきたように、仮に人前でスピーチすることに緊張したとしても、「緊張していること」を聞き手に悟られなければ、自然と緊張もほぐれていきますし、堂々としたスピーチができます。

そこで、第6日目の練習として実践していただきたいのが、緊張を見せないフリートークです。

次のテーマに対するフリートークを、第6日目で学んだポイントを思い出しながら、ぜひ実践してみてください。

練習

「最近、一番面白かった出来事」をテーマにして、1分間フリートークをしてみてください。その際、第6日目で学んだ「緊張していないように見せるテクニック」を実践してみましょう。

さて、うまくできたでしょうか。

体はこわばっていないでしょうか？

口をきちんと大きく動かせているでしょうか？

顔はしっかり前を向いているでしょうか？

左ページに、第6日目で学んだテクニックをまとめてみました。自分がどのくらい「緊張しているようには見えないポイント」を実践できているかを、確認してみましょう。

自分のスピーチに自信が出てきたら、このフリートークを人前で実践してみてもいいでしょう。

自分ではうまくできているつもりでも、人から見るとできていない部分もあるものです。人前でスピーチするのと自分ひとりで練習するスピーチとでは大きな差があるので、人にスピーチを見てもらうことで、より本番に近づいた、良い緊張が生まれるはずです。

また、自分のスピーチを他人に見てもらって、「緊張しているように見えるか、見えないか」をチェックしてもらうのもおすすめです。

スピーチで気を付けるべき、緊張対策テクニック

心・体・声の よい循環を心がける

大きい声で、笑顔で話せば、自然と心がほぐれてくるもの。脳に緊張が伝わって、悪い循環を生まないように心がけましょう。

緊張したときに 出るクセを封印

「姿勢・目線・口調」で、自分が緊張すると出やすいクセを知っておき、事前に封印することで、緊張を解きほぐします。

姿勢 の乱れ

- 片足で重心を取ったり、ブラブラ無駄に動いたりしないように注意。
- 手で、ベルトや時計、頭や鼻などを触らない。
- 腕組みをしない。
- 姿勢はまっすぐ。手を動かすなら「ジェスチャー」で。

目線 の乱れ

- 目線を泳がせない。
- 原稿を読むために下を向かない。
- まばたきを多くしない。
- 狭い会場では「ワンセンテンス＆ワンパーソン」、広い会場では「ワンセンテンス＆ワンブロック」で目線を動かす。

- 「え〜」「あの〜」の封印（特に冒頭の「え〜」に要注意！）。
- 子どもやお年寄りに話しかけるように、ゆっくりと、諭すようなスピードを心がける。
- 普段の話し方より、口の筋肉を使うように意識して、口を大きく開けて話す。

COMMENT
解説⑤

フリートークの強い味方「しりとり連想法」

いざというときのためのフリートーク対策法

ビジネスの場では、突然スピーチをさせられたり、会議でいきなり意見を求められたりすることがよくあります。何かを急に尋ねられた結果、準備もしていないし、緊張して頭のなかが真っ白になってしまい、言葉に詰まってしまう……という経験がある方も多いのでは？　そんな「とっさのスピーチ」に強くなるトレーニング方法があります。

それは「しりとり連想法」です。

これは、出てきた単語を、センテンスごとにしりとりのようにつなげていって、その単語で連想できる言葉をどんどんしりとりのように続けていく……という手法です。

たとえば、「好きな色はなんですか?」という質問をされたと仮定しましょう。多くの人は、「青が好きです」「黄色が好きです」と、好きな色だけは返答できるものの、そのあとの言葉が続きません。

そこで、「青」「黄色」というキーワードを捕まえて、そこから話をつなげます。しりとりのように「青は……」と話を始めると、「青」から連想するもの、「空」や「海」につなげて文章を作ることができます。

その上で「青は、空や海の色で、見ていると気分がスカッとします」と文章がつながったら、またその中からキーワードを捕まえて、言葉をつないでいきます。

しりとり連想法・事例

質問：好きな色はなんですか?

「私は青が好きです」

↓

「なぜ青が好きかというと、空の色だからです」

↓

「空はとても広々としています」

↓

「広々とした光景を見ていると、スカッとした爽快感を楽しめます」

↓

「見ているとスカッとするからこそ、私は青が好きです」

真面目な人ほど、「なんで青が好きなんだろう?」「本当に自分は青が好きなのかな?」などと、悩んでしまいますが、スピーチをする際に、悩みすぎて絶句してしまうより、思いついた言葉から話す「クイックレスポンス」をするほうが堂々と見えます。頭のなかに思いついた言葉をつなげて、どんどんトークを発展させていく練習をしてみましょう。自分では思ってもいないような結論にたどり着くかもしれませんが、それもフリートークならではのだいご味と言えるでしょう。

なお、この「しりとり連想法」は、とっさの会議での発言やフリートークだけでなく、クライアントとの雑談などの会話にも活用できます。会話が続かないという人は、是非、一問一答にせず、相手の言葉尻を捕まえて、次の質問をする「しりとり質問」で会話をつないでみましょう。

急なフリートークを求められた際のポイント

与えられたお題やテーマに対して、連想する単語を見つけましょう。その単語をしりとりのように文頭にもってきて、次に連想する単語をつなげていきましょう。

例・質問「あなたが好きな食べ物は?」

結論

「私の好きな食べ物はカレーです」

「好きな食べ物」で連想される単語(カレー、ハンバーグ、エビフライ……など)から1つ選ぶ。

理由

「なぜカレーが好きなのかというと、辛いものが大好きだからです」

「カレーライス」で連想される言葉(辛い、具の種類が多い、手軽に食べられる……など)をつなげていく。

「辛いものが好きすぎて、先日もトウガラシを生でかじってみました。さすがにこれは辛すぎて、口のなかが火事になったようでした」

「辛い」で連想される言葉(カレー以外の辛い料理、辛くしすぎて起こった失敗談……など)をつなげる。

結論

「そんな失敗があっても、まだ私はカレーが食べたいと思っています。だから私はカレーが好きです」

フリートークの最後に、冒頭で言った言葉を結論につなげて、締めくくる。

しりとり連想法にチャレンジ！

突然のお題にどんな連想が浮かぶかがポイント

第６日目には、とっさのフリートークでは「しりとり連想法」が強い味方になることを、ご紹介しました。

私たちのスピーチスクールで、フリートーク力を高めるための「１００スピーチ・ボックス」というトレーニングがあります。その内容は「１００の質問を書いた紙をボックスに入れて、引き当てたお題に対して、しりとり連想法を使ったフリートークを行う」というものです。

テーマの種類が豊富なので、フリートーク力が非常に鍛えられていきます。

第６日目の練習として、ビジネスのシチュエーションにも使えそうなフリートークのお題を集めてみました。

前ページのしりとり連想法を参考に、ぜひ左ページにあるお題のスピーチに挑戦してみてください。最終的には全部のテーマに答えられるようになるのが理想的です。

慣れていくと、話題の引き出しも増えていくので、次第にしりとり連想法を使わなくても流暢にフリートークを実践することができるようになるはずです。

しりとり連想法でのフリートークのポイント

- お題に対して、連想する単語をしりとりのようにつなげていく
- 悩みすぎて絶句しない
- 頭に浮かんだ単語をクイックレスポンスすることが大事！
- 「結論→理由→結論」の構成を保つこと。最後は、冒頭で言った結論を再度言うことでクロージング

しりとり連想法力を高めるフリートークのお題

練習
次のテーマでしりとり連想法を使って、右ページでご紹介したポイントを重視しながら、フリートークをしてみましょう。

・自分の長所をアピールしてください。
・自分の短所をアピールしてください。
・あなたの性格を一言で表すなら？
・あなたの愛読書は何ですか？
・あなたの人生のターニングポイントを教えてください。
・あなたは運がいいですか？　悪いですか？
・克服した短所を教えてください。
・最近の時事問題で気になったことを3つあげてください。
・最近、新たに興味を持ったことは何ですか？

・出世願望はありますか？
・向いていない部署に配属されたとき、あなたならどうしますか？
・学生と社会人の違いは何だと思いますか？
・生きていく上で一番必要なものは何だと思いますか？
・これだけは人に負けたくないと思うものは何ですか？
・マナーや礼儀はなぜ必要か、あなたなりの意見を述べてください。
・子どもの頃の夢は何でしたか？
・日々の生活で心がけていることは何ですか？
・女性と男性の違いは何だと思いますか？
・あなたは自分が頭の良い人間だと思いますか？
・尊敬する人は誰ですか？
・あなたの好きな言葉は？
・他の職業につけるとしたら何になりたいですか？
・無駄遣いはしていませんか？
・好きな言葉は何ですか？
・朝の過ごし方を教えてください。

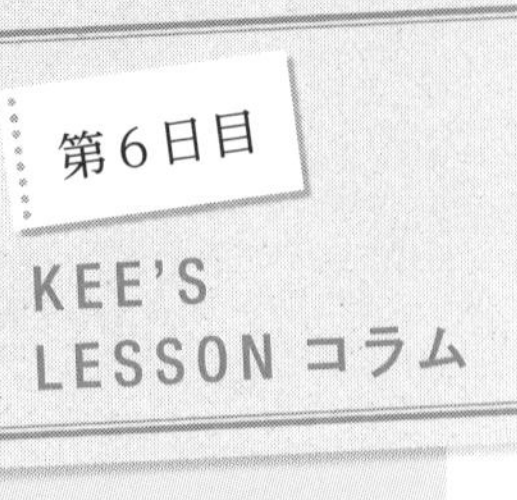

第一印象を良くするためには「ソのトーン」と「α波」を意識

プラスのアピールで第一印象は大きく変わる

初対面の人に会うときに肝心なのが、挨拶です。最初の挨拶がその人の第一印象を決めてしまうといっても、決して過言ではありません。

最初の印象が悪いままだと、そこで植え付けられた悪いイメージを払拭するまでに、何倍ものプラスのアピールが必要になってきます。特に、ビジネスの人間関係は一発勝負。「最初の印象は悪かったけれども、きっとこの人にも違う面があるだろうから」「もう少し一緒にいたらきっと良い面が見えてくるだろう」などと、相手から思ってもらえるケースなんてほとんどありません。

つまり、初対面で印象が悪くて、「もうこの人には会いたくないな」「早く帰ってくれないかな」と思われてしまえば、そこで取引が終わってしまうケースだってあるのです。

でも、初対面の人に会うときは、誰だって緊張するもの。本来は明るくて快活な性格の持ち主だったとしても、つい緊張しすぎてしまって、暗い印象を与えてしまうことも多いのです。

では、どうしたら相手に好印象を与えることができるでしょうか？　初対面の人と会ったとき、ぜひ覚えておいてほしいのは、「ソのトーン」と「α波」を心がけることです。

「ソ」のトーンは挨拶でも大事

まず、「ソのトーン」は、1日目のコラムでも説明したように、話をするときの声のトーンを、「ドレミファソ」の「ソ」のトーンにするというもの。

「ソ」の音を意識すると、普段よりも明るく、テンションが高めの声を出すことができます。よそゆきの明るい声を演出することで、自分自身の気持ちも明るくなりますし、相手にも「この人は元気そうな人だな」「明るい印象の人だな」といったプラスのイメージを与えることができます。

α波で相手をリラックスさせよう

そして、もうひとつのポイントが「α波」。

人間の脳波には「α波」と「β波」と呼ばれるものがあります。私は専門家ではないので、会話中にそのような脳波が出るのかどうかは分かりませんが、分かりやすく、「喩え」としてお話しします。

「α波」はリラックスしたときに出る脳波。一方、「β波」は緊張したときや頭を使っているときに出る脳波とされています。

人間は非常に敏感で繊細な生き物です。特にコミュニケーションにおいて、相手との微妙な空気感や、好き嫌いなどは、いくら取り繕っても伝わってしまうものです。

よく「自分が緊張していると、なぜか相手も緊張し始める」ということがありますが、これは言葉にしていなくても、自分の緊張が相手に伝わってしまうからではないでしょうか。

反対に自分がリラックスをし、「α波」を出すことができれば、相手も肩の力を抜いて会話することができます。

自分が「β波」を出してしまうと、相手にもそれが伝わってしまい、「なんだか打ち解けられないな」「居心地が悪いな」と思われてしまうので、くれぐれも注意しましょう。

挨拶終了後は、相手のペースに合わせよう

「ソのトーン」を意識するのは、出だしの挨拶だけでOKです。第一印象で、相手の心を解きほぐし、会話空間を温めることができれば、後は相手のペースに合わせたテンションへと調整していきましょう。

「最初から最後まで、高い声でいたほうが、会話も盛り上がるのでは」と、つい最後まで頑張りすぎてしまう人がいますが、結果として、自分も相手も疲れてしまいます。あくまで、緊張しやすい雰囲気を明るくするために、第一印象を良くする話し方のポイントとして覚えておいてください。

また「いきなりリラックスした雰囲気で接すると、相手に失礼では？」という人もいます。でも、緊張時は「β派」が出やすく、テンションが下がり、笑顔も出にくくなります。

どんなに誠実な気持ちでも、相手に「硬い」印象が伝わってしまうようでは、かえって、相手に良い印象を与えることができません。「ソのトーン」を保ってテンションを高く、「α波」を出すことで、相手の緊張を和らげ、話しやすい雰囲気を作るようにしましょう。

さて、いかがだったでしょうか？　特にビジネスにおいては、初対面での挨拶がその後のその人との取引のすべてを決めると言っても、決して過言ではありません。誰か初めての人に会うときは、ぜひ「ソのトーン」と「α波」を忘れずに！

第6日目

KEE'S
アフタートーク

「緊張する理由ワースト3」とその対策法とは?

自分が緊張しやすいポイントを覚えておき、その対策を考えておく。堂々とした伝わりやすいスピーチをする上で、緊張対策はとても重要なものです。

第6日目の「実験」では、人前で緊張してしまう理由を、「準備不足」「プレッシャー過敏」「異空間アガリ」という3つのタイプに分類しました。実はこれは私たちのスピーチ研修に参加した生徒さんたちから「緊張する理由ワースト3」として挙がってきた項目です。

どの項目も、すべて未知のことへの恐怖心があるから生まれたもの。「自分のスピーチの内容に自信がない」「聞き手に関して情報がない」「演壇で話す感覚に見当がつかない」など、知らないことが多いからこそ、不安を感じてしまうのです。そこで、これら緊張する理由ワースト3を克服する対策を箇条書きにまとめてみました。

第1位　準備不足

- 自分の伝えたいことを１００％理解するまで、スピーチの内容を熟考する。
- 声に出してリハーサルし、何度でも同じスピーチができるまで練習しておく。
- 不安な場合、内容を魔法のシートや箇条書き程度のメモにし、持っておく。

第2位　プレッシャー過敏

- 「自分は上手くできるだろうか？」から「聞き手にわかってもらえているだろうか？」に意識を変える。
- 上手く話すことより、大事なメッセージを伝えるという気持ちを大事にする。

第3位　異空間アガリ

- 会場に早く着き、演壇から見える様子を確認しておく。
- 心を落ち着かせる効果のある姿勢、目線、口調を心がける（「今日の練習①」参照）。

スピーチ上手で知られる元英首相のチャーチルは、「実際に演説する時間の10倍近くの準備をしないと不安で上手く話せない」という言葉を残しました。

この本でスピーチを1週間特訓すれば、もはやあなたもスピーチのプロフェッショナルです。「これで完璧！」と思えるまで準備し、開放的で堂々としたスピーチを楽しんでください。

ポイント

自分の緊張原因を知り、納得いくまで練習すれば、誰でもスピーチのプロになれる！

第7日目

「スピーチ
パフォーマンス」で
聞き手を惹きつけよう

相手に訴えかけるスピーチをする上で、
効果的なアピールとなるのが「ジェスチャー」や「表情」です。
たとえば、ジェスチャーや表情のないスピーチの場合は、
「淡々としていて退屈」「情景が伝わりにくい」「無表情で威圧的」
といった印象を聞き手に与えてしまいます。
一方、ジェスチャーや表情をフルに使ったスピーチは
「表現が立体的で情景が思い浮かび楽しい」「熱意や牽引力を感じさせる」
などの効果をもたらします。
最終日となる第7日目は、より聞き手を惹きつける、
体で表現するスピーチパフォーマンスをご紹介します。

EXPERIMENT
実験①

自分のスピーチパフォーマンス力をチェック！

あなたの話している姿は魅力的ですか？

相手に伝わるスピーチを目指すのであれば、ただ「話す」だけではもったいないです。そこに、生き生きとした表情や、話す内容に関連した動作などのパフォーマンスが加わることで、あなたのスピーチがより一層、伝わりやすくて魅力的なものになるはずです。

では、あなたのスピーチパフォーマンス力を試すために、次の実験に挑戦してみてください。

実験
以下の言葉をあなたなりに、生き生きと表現してみましょう。事前にあまり考えすぎず、瞬間的に表現してみてください。

・大きい魚を釣り上げました。
・甘い大福が山盛りになっていました。
・指先まで凍るかと思うようなシンシンと冷え込んだ夜でした。
・「もう、どうやって生きていけばいいの？」 絶望するほど辛い恋の終わりでした。
（診断結果は、左ページで確認してみてください）

あなたは、どれくらい生き生きと表現ができたでしょうか？ 左記に魅力的なスピーチパフォーマンスで、大切なポイントをピックアップしてみました。これらのポイントを自分が何個くらい達成できていたか、チェックしてみてください。

ポイント
1 手を使って大きさや量を表現した。
2 表情で、喜怒哀楽を表現した。
3 動作で、情景を再現した。
4 声色や抑揚、間の取り方を工夫した。
5 セリフのようなところは演技をした。

実験スピーチパフォーマンス解答例

甘い大福が山盛りになっていました

大福が山盛りになっている様子を手で表したり、大福の大きさを示すなどして、聞き手のイメージを喚起。

大きい魚を釣り上げました

実際に手で魚を釣り上げる動作をしたり、釣った魚の大きさを手で示すなどして、臨場感をアピール！

「もう、どうやって生きていけばいいの?」絶望するほど辛い恋の終わりでした

悲しい表情やそのときのシチュエーションを動作で再現。また、セリフ部分は俳優になった気分で感情を込めてみる。

指先まで凍るかと思うようなシンシンと冷え込んだ夜でした

寒いときにする表情や動作を通じて、そのときの情景をリアルに再現する。

CHECK!

「スピーチパフォーマンス力実験」診断結果

右ページの実験で、自分が何個ポイントを取り入れられていたかチェックしましょう。そのチェックの多さによって、聞き手の印象度が変わります。

- **5個だった人の聞き手の印象度**
  →まるで映画を見ているみたいに面白い！
- **4個だった人の聞き手の印象度**
  →楽しそうに、生き生きと話す人だなぁ。
- **3個だった人の聞き手の印象度**
  →スピーチの上手な人だなぁ。
- **2個だった人の聞き手の印象度**
  →話の内容は伝わるけど、臨場感は伝わってこないかも……。
- **1～0個だった人の聞き手の印象度**
  →要トレーニング!!

COMMENT
解説①

より効果的なスピーチのコツとは？

視覚的アプローチで伝わりやすさがアップ

同じ「音楽を聴く」という行為でも、CDで音だけを聴くよりもテレビやビデオなど演奏する姿を目にしたほうが印象に残りやすくなります。さらに、コンサートなどでリアルに演奏者の姿を見れば、より一層強い感動が心に残るのではないでしょうか。

「百聞は一見にしかず」という言葉にあるように、人は耳で「音」だけを聴くよりも「映像」を伴うほうが情報を認識しやすくなります。そして、映像よりも実体験として自らの目や耳で確認するほうが、よりリアルな情報を受け取ることができます。

スピーチでの「話す」という行為は、音声のみで構成されています。朗読のように情景を声だけで表現するには、プロ並みのテクニックが必要になりますが、ジェスチャーや表情を使って、視覚的にアプローチすることで、聞き手により強いインパクトを与えることができます。

また、よく欧米の人のように、体で伝えたいことを表現するスピーチは、エネルギーに満ち溢れていて、聞いていても、見ていても楽しいものです。

「どこでジェスチャーを入れたらよいのかわからない」という人は、最初からジェスチャーを使えるような箇所をスピーチの中に盛り込んでおくといいでしょう。

スピーチは「伝えたい気持ちの度合い」で決まる！

以前、私たちのスピーチレッスンを受けてくださった、ある企業の社長さんの社長さんのお話をご紹介します。

その社長さんは、ご自分のスピーチがあまり聞き手の人に伝わっていないような気がしていて、「これでいいのだろうか？」と長年悩んでいらしたそうです。

部下の方に話を聞くと「社長は、見た目に威圧感があるので、仮に面白い話をされても『ここで、笑っていいのかな？』とわからなくなってしまい、聞き流しています」とのことでした。実際、その社長さんのスピーチを見てみる

声だけで伝えようとせず、表情やジェスチャーを取り入れて視覚的にアピールすることも大切。「恥ずかしい」と思うくらいに大胆にアピールしても、決してそれはやりすぎではありません。むしろ、聞き手に強いインパクトを与えることができるのだと覚えておきましょう。

と、面白い話でも表情がまったく変わらず、がっちりとした体を据えたまま、仁王立ちで話していました。

自分のスピーチの問題点に気付いた社長さんは、猛烈に努力され、この本に書いてあるような「発音」「ロジカルスピーチ」、そしてジェスチャーや表情を盛り込んだ「表現力」をつけるトレーニングを行いました。

１週間のレッスンの後に、社員の前でスピーチをしてみると、その反応の違いは以前とは雲泥の差だったとか。部下の方からも、「日本人ではなく、アメリカの政治家みたいなスピーチだった」「こんなにカッコイイスピーチができる社長を誇りに思う」などの反響があったそうです。

研修を終えた社長が最後におっしゃっていたのが、「スピーチというのは、開放的に話してよかったんですね」という一言。伝えたいメッセージがあるのに、恥ずかしさに負けて、消極的なスピーチをしてしまうと、大事な思いが伝わりません。むしろ、その熱い思いを、体全体で表現するくらいのスピーチでなければ、部下を牽引する話し方はできません。「大げさかな？」「やりすぎかも」と思うくらい、堂々としたジェスチャーをぜひ心がけてみてください。

COMMENT

解説②

「手・動作・表情」のパフォーマンステクニック

覚えておきたい基本のジェスチャー

スピーチにおいて、大切なジェスチャーは大きく分けると「手・動作・表情」の3つ。これら3つのジェスチャーにそれぞれある、注意点や特徴を詳しく解説していきます。

1 手を使う

物の大きさや量、形など視覚的にわからせることができます。または音声情報に手の動きをプラスすることで、より聞き手にイメージさせる話し方ができます。なお、手でジェスチャーをする場合は、胸よりも上の位置で、大きくゆっくり動かすのがコツです。

〈例〉

- **「こ〜んなに大きい魚が」……手を大きく広げる。**
- **「分厚い本を一晩で読みました」……指を使って分厚さの度合いを表現してみる。**
- **「ポイントは3つあります！」……3本指を立てて聞き手の理解をフォローする。**

2 動作を使う

エピソード中の出来事などを、動作を使ってリアルに表現するというものです。

〈例〉

- **「指先まで凍るほど寒い日でした」……指先を温めるような動作をする。**
- **「思わず『ドキッ』としました」……胸に手を当てる。**
- **「そちらの方、どう思われますか？」……舞台を移動して聞き手に話を振る。**

3 表情を使う

表情は感情を伝えるための大切な手段。その話に関連した喜怒哀楽を、表情で表現し、スピーチに盛り込みます。

〈例〉

- **「甘〜い大福が」……美味しそうな表情で。**
- **「景気の低迷で、当社もここが正念場です！」……他の部分より真剣な表情で。**

3つのジェスチャーで聞き手を惹きつけるスピーチをマスター！

表情

喜怒哀楽を表情で表現。スピーチの際は、「やりすぎかな？」と思うくらい、大胆に表情を作るのがおすすめです（例・「正念場です！」とここだけ真面目な表情を作る……など）。

動作

スピーチの中に登場するエピソードに関連する動作を、再現。リアルに情景を表現しましょう（例・「ドキッとしました」というときに胸に手を当てる…など）。

手

手を使うときは、胸より上の位置で。動きは、大きくゆっくりとしたスピードを心がけましょう（例・「こ〜んなに大きな魚が釣れました」と手で魚の大きさを再現する…など）。

・動作は大きく、ゆっくり。大胆に！
・ジェスチャーを使う場所は事前に決めておく。もしくは、スピーチのなかにジェスチャーを使える箇所を盛り込んでおく。
・多用はしない。

・「すがすがしい高原での〜んびり」……リラックスした表情で。

続いて、ジェスチャーを使う上で陥りやすい注意点についてご紹介していきます。

1 動作は大きく、ゆっくりと、大胆に！

「動作が小さい」「見えにくい」「速すぎる」といったジェスチャーは、逆効果。ムダな動作として落ち着きのない印象を与えます。また、表情は自分で「大げさだ」と思うくらいでないと、聞き手には伝わりません。全体的にスピードを落とし、ゆったりと堂々と表現するのがコツです。

2 使う場所を決めておく

事前に自分がどのジェスチャーをスピーチで使うのか、決めておきましょう。また、時間が経つにつれて聞き手の心は離れがちになるので、ときどき舞台を歩きまわって聴衆を再度惹きつけるなどのアピール方法も有効です。

3 多用しない

ジェスチャーはあくまで、音声表現をサポートするもの。多用しすぎるとインパクトが薄れ、散漫な印象になってしまいます。ジェスチャーだけに頼らず、第1章で学んだ抑揚、間などの表現テクニックも忘れずに使いましょう。

COMMENT
解説③

動作以外の視覚的アプローチを学ぼう

例としては、左記の通りです。

〈例〉
・「私の最近のオススメはこのボールペンです」……実物のボールペンを見せる。
・「このボールペンは書いても消しゴムで消せてしまうんです。実際にやってみましょう」……実際にボールペンで書いた文字を消しゴムで消す動作を、実演して見せる。
・「私の趣味は筋トレです。半年でこんなに腕の筋肉がついたんです」……そでをまくって、腕の筋肉を見せる。
・「最近、自転車通勤を始めました。それまでは細かった太ももが、3か月間でこんなに立派になりました」……ズボンの上から、太くなったももの筋肉を見せる。

リアルな体験を通じた臨場感のあふれるスピーチをすることができ、聞き手はより感情移入し、会場全体が興味をもって聞く姿勢になってくれるでしょう。

実物を使って、よりリアルなアプローチを！

ジェスチャーを使った視覚的アプローチよりも、さらにアピール力が高まるのは実物を見せるパフォーマンスです。スピーチに登場するエピソードのなかで、手軽に持っていける小物や、実演できそうなことであれば、どんどん盛り込んでいきましょう。

TODAY'S TASK
今日の練習①

スピーチにジェスチャーをプラスしてみよう！

ジェスチャーを入れてスピーチにメリハリを

では、ここまで学んできたジェスチャーを、どのように自分のスピーチに盛り込めるか、実践してみましょう。今日のおさらいとして、次の練習に挑戦してみてください。

練習
第4日目のレッスンで作成した「私の好きな言葉」、もしくは第5日目の「最近、一番面白かった出来事」のスピーチを、手や動作、表情のジェスチャーを使いながらプレゼンしてみましょう。もしもジェスチャーで表現できる箇所がない場合は、新たに追加してみてください。
また、この1週間で学んできた、声色や抑揚、間など、声でできる表現も盛り込んでみましょう。

ジェスチャーはもちろん、声による表現を追加することで、メリハリのあるスピーチを実現できるはずです。

CHECK!

- □ 手のジェスチャーは入っている？
- □ 表情のジェスチャーは入っている？
- □ 動作のジェスチャーは入っている？
- □ 声のトーンは高くなっている？
- □ 抑揚はつけられている？
- □ 間はうまく取れている？

第7日目

KEE'S LESSON コラム

メモやマイクの使い方でスピーチの印象は大きく変わる！

人前でスピーチするとき、注意したいのがメモやマイクなどの小道具の扱い方です。そこで、今回のコラムでは、スピーチをするときのメモやマイクの上手な使い方について、ご紹介していきます。

メモはスピーチの「地図」代わり

スピーチのメモは箇条書きが基本

人前で話をする際、突然頭が真っ白になってしまったときの対策用として、スピーチ用のメモを用意する人は多いでしょう。でも、そのメモにはどんなことが書かれていますか？　話す内容をそのままに、一字一句を全部メモに書いている……という場合、もっと効果的なメモの作り方があります。

たしかにスピーチ内容を丸々原稿にしておけば、内容を忘れてしまうリスクは減らせます。ただ、すべての文章を文字化してしまうと、目線を原稿に落としたままになってしまうため、聞き手には「原稿を読み上げているだけ」という印象を与えてしまいます。そうなれば、スピーチではなく、ただの「読み上げ」。聞き手の心をつかむことはできません。

おすすめなのは「一字一句を漏らさず文章にした原稿」ではなく、スピーチの流れとポイントを書いたメモを準備することです。できれば4日目のレッスンで学んだ「魔法のシート」に書き込むことをおすすめします。

イメージとしては、ポイントを押さえた「地図」を持ちながら、話すような感覚です。自分と聞き手との間で、「地図」を共有しながら、目的地である結論に向かって、1つ目のポイント、2つ目のポイント、そして具体例……というように整理しながら話すことができます。どうしても忘れてはならないキーワードなどがある場合は、色をつけたり、丸をつけたりして、ほかの部分より目立たせる工夫をしましょう。

その際も、あくまでメモは補助的な存在であって、スピーチの大筋や言いたいことはあなた自身の頭のなかにある状態が望ましいです。メモは、スピーチ中に忘れてしまいそうな単語や数字がある場合に、頼る程度にしておくとよいでしょう。

「じゃあ、メモを見ないように丸暗記する」と言う人がいますが、よほど人前で話すのに慣れた人でない限りは、私はおすすめしません。その場合、思い出したり、つっかえないように話すことに意識がいってしまい、気持ちがこもらなくなってしまいます。暗記するよりも、メモを地図代わりに見ながら、事前に言葉がある程度スラスラと出るようになるまで練習するほうが、相手に伝わりやすい話し方になるはずです。

メモは体の正面ではなく横に

メモを用意する場合、もうひとつ気を付けたいのが、メモを持つ手の位置です。

ときどき、顔の高さにまでメモを持ちあげてしまい、顔の半分くらいが紙で隠れてしまっている人がいますが、これはＮＧ。こうなると、聞き手とアイコンタクトも取れないし、声がメモに遮断されてしまうので、声自体も聞き取りづらいものになってしまいます。

それに、スピーチの主役はあくまであなた。メモではありません。メモを持つ位置は、顔を隠さない高さをキープするようにしましょう。

体の前ではなく、横にメモを置く利点は、メモの存在を聞き手に意識させないということ。また、正面にメモが置かれている場合、つい無意識のうちにメモを目で追ってしまいます。メモを横に置き、視界に入らないようにすることで、目線を聞き手のほうに向けることができるのです。

あえて見にくい場所にメモがあることで、本当に困ったときや話す内容を忘れてしまった場合以外には、メモに頼らないようになるはずです。

マイクを持つ角度は45度で

メモの位置と同様、気を付けておきたいのがマイクの持ち方です。マイクを握るときは、持ち手の部分を持ちましょう。カラオケなどで、「音がうまく響くから」と網目の集音部分を握る人がいますが、公式なスピーチではやめておきましょう。

そして、体の姿勢は、脇をしめ、アゴの下あたりにマイクが来るように、マイクを45度くらいに傾けて持つのが正しい持ち方とされています。また、マイクを持つときは、息がマイクにかからないように注意しておきましょう。マイクの先に息が勢いよく入ってしまう角度で持つと、「ブレス音」という雑音になりますし、口元にマイクを近づけすぎると、音が割れて、聞きづらい音になってしまう恐れもあります。

マイクにケーブルが付いている場合は、片手で上手にさばいておきましょう。時々、マイクのコードに絡まって転んでしまう人がいるので、くれぐれもご注意を！

第7日目

KEE'S
アフタートーク

スピーチ前には「3つのスイッチ」を入れる習慣を

　みなさんが毎朝、会社や学校に行く前に必ず行うことは何ですか？

　トイレに行ったり、歯を磨いたり、髪を整えたり……、人によってさまざまな習慣があるのではないでしょうか。

　こうした日常の習慣と同じように、私たちの研修で話し方をレッスンする際に、「毎朝鏡の前に立ったら、『3つのスイッチ』を入れる習慣をつけてください」とお願いしています。

　そのスイッチとは、以下の3つです。

3つのスイッチ

- **顔のスイッチ……笑顔で**
- **声のスイッチ……ソのトーンで**
- **心のスイッチ……明るく、温かい気持ちで**

　私たちアナウンサーも、カメラのランプが点灯し、オン・エアが始まった瞬間に、無意識にこの3つのスイッチをONに切り替えています。そして、話し方だけでなく、日常生活においても、この3つのスイッチはあなたの印象を変えるのに大きく役立ちます。

　たとえば、朝、誰かに会う前に、笑顔を確認し、声のトーンを調整し、気持ちを明るくする……など、普段の生活からトレーニングを取り入れたコミュニケーションを行うと、おのずと1日の話し方が変わってきます。

　ほかにも、「コンビニでお釣りをもらうとき、『ありがとう』と笑顔で言う」「知らない人と体がぶつかったとき、すかさず『すみません』と言う」「エレベーターで他の人に『何階ですか？』とすすんで聞いてみる」など、簡単なようでサボってしまいがちな小さなコミュニケーションも、実はトレーニングにつながります。

　コミュニケーションとは本来「しんどいもの」で、簡単なものではありません。

　でも、だからといって楽をしていては、人と通じ合う力はどんどん低下してしまいます。朝起きたら、まず3つのスイッチをONに切り替えて、みなさんの1日の「オン・エア」を始めましょう！

ポイント

3つのスイッチで自分の状態を「オン・エア」にもっていき、日常から話し方のトレーニングを！

動画で復習！　VLPメソッド

Attractive Performance パフォーマンス編

Power Voice
発声・発音

Attractive Performance
パフォーマンス

Power Speech
メッセージを伝える話し方

Logical Message
構成・ロジック

いよいよ7日間のプログラムが無事終了！　本当にお疲れ様でした。ここまですべてのトレーニングをしっかりと体得すれば、あなたはもう話し方のプロと言えるレベルにまで、成長しているはずです。6、7日目の「パフォーマンス（Attractive Performance）」は、ジェスチャーや目線の動かし方など、よりビジュアル的な部分が必要になってくる要素です。実際にアナウンサーが行うパフォーマンスを動画で見ながら繰り返しトレーニングを重ねることで、ぜひ確実なスピーチ力を体得してくださいね。

第3章の復習トレーニング

緊張対策トレーニング

人前に立った際には、誰しもどうしても緊張してしまうものです。104、105ページにあるように、人前で緊張してしまった場合は、「緊張の悪循環」に入るのではなく、「ポジティブな緊張の循環」へと、自分のモードを持っていくことが大切になります。そのために、必要なのが、「いかにして、自分が緊張しないように、コントロールをしていくか」ということです。動画のなかでは、自分の心や体、声をコントロールすることで、緊張しないようにするためのトレーニングをご紹介していきます。

●上記トレーニングの動画は
こちらのURLで確認！
https://youtu.be/MHc3sffMwAQ

*スマートフォンの機種やアプリによって、動画に飛べない場合があります。その場合は、URLを打って動画をご覧ください。

発音と表現力を
もっと鍛える！

練習用・例文集

ここまでご紹介してきたように、
話し方には日々のトレーニングが肝心になります。
そこで、発音や表現力をより強化するための
練習用の例文集をご紹介します。例文を読んでいるだけで、
腹式発声、口の開き方、舌の動かし方といった
３つの基礎を同時に鍛えられます。

発音練習編

日々の発音練習に使いやすい単語・文章をご紹介します。正しい口の形とクリアで豊かな声を意識しながら、一音一音大きな声で読んでみましょう。

・青は藍よりいでて、藍より青し

・赤穂の城と安芸の宮島

・あごのあばたのあと、ああ似たり。あの子の兄も姉もあの子も

・怪しみと怪しむべきは怪しまず。怪しからぬを怪しむ怪し

・慌てるときは粟を食うのでなく、泡を食うのである

・いい家　いえいえ　言うな　言おう

・言い分があって言おうとしたが　威圧されて　何も言えなかった

・医者と石屋を言い違わないようにお言い

・殷鑑遠からずとは　よく言ったものです

・生きとし生けるものがいかに平和をねがうか　今にして分かった

・今今と今という間に今ぞなく　今という間に　今ぞ過ぎ行く

・いり豆はいるのかいらないのか　囲炉裏端に座ったまま　入れ物も出さない

う

・鵜が　鮎を　追い合う

・うすうす　後姿で気づく

・歌うたいが来て　歌うたえというから　歌うたうが　歌うたいくらい歌うたえれば歌うたうが　歌うたいくらい歌うたえぬから歌うたわぬ

・ウサギは臼のかげから　牛小屋をぬけて逃げ失せた

・浮かんだうきがまたしずんで　浮こうとするところを引いたが　玉網に受けそこなった
・乳母と産土神に参詣して　有髪の僧に会った
・瓜売りが　瓜売りに来て　瓜売り残し　売り売り帰る　瓜売りの声

え

・絵を描かない　絵描き
・縁起を担いで　恵方参り
・枝を植え終える
・永遠の栄華によった映画の演者
・絵になる絵扇をもったエレガントな娘が、エントランスのエレベーターに乗った

お

・お綾や　母親に　おあやまりなさい
・お願いされれば　鬼の目にも涙
・お湯の中で泳ぐのはおやめなさい

・桶を忘れて　奥でおかみさんに怒られた
・お百度を踏んだとは　おへそがお茶を沸かす
・お刺身は遅くなるので　お昼はお汁粉におせんべい
・親かへい　子かへい　子かへい　親かへい
・お宮の前のあめ屋に海女雨やどり

か行

・菊栗　菊栗　三菊栗　併せて菊栗　六菊栗
・神田鍛冶町の角の乾物屋の勝栗は　硬くてかめない
・上加茂の傘屋が　紙屋に傘かりて　加茂の帰りに返す唐傘
・久留米のくぐり戸は栗の木のくぐり戸　くぐりつけりゃ　くぐりいいがくぐりつけなきゃ　くぐりにくいくぐり戸だ
・かも米かみゃ　子がも粉米かむ　子がも米かみゃ　かも粉米かむ　粉米のなまがみ　こん粉米のこなまがみ
・加賀の家中の家老のかみさん　髪結うかもじ　かおうかよそうか　家老に聞いても　皆目しれない

・きっかけ聞く子がごく聞かん気で　きっかけ聞く気か聞かん気か　おこごと食い食い　きっかけを聞く

が行

濁音と鼻濁音の違いは？

日本語の「が」行には「濁音」と「鼻濁音」と呼ばれる2つの音があります。普段多く使われているのが濁音の「がぎぐげご」で、鼻から音を抜くように発音すると美しく聞こえる「がぎぐげご」を鼻濁音といいます。

濁音の「が」は「我慢（がまん）」「画面（がめん）」などの語頭にある「ガ行」や外来語、カタカナ語などに使われることが多く、一方の鼻濁音の「が」は、「～が」という助詞の「が」や、「長野（ながの）」「期限（きげん）」など語中にある「が行」に使われます。

濁音のが行

・呉越同舟とは　言語道断

・義弟　義兄　義姉　義妹を　義理で扶養する　義務がある

・午後五時五十五分　五十五人に五人が合流

・崖上の学校の　頑固な学生が　ガラス戸をがんがんたたいて　がりがり先生に　がみがみがなられた

・下駄履きベレー帽の芸術家を殺した下手人は　げじげじ眉毛の下男だった

鼻濁音のが行

鼻濁音の発音のポイント

❶舌のつけ根を上アゴにつけ、鼻から息を抜きながら「んが」と言ってみましょう。

❷慣れてきたら「ん」の音を短くしてみてくださ

い。その際、「が」の音を発音するときだけ、鼻から息を出しながら発音してみてください。

「鼻濁音」は、美しい日本語を発音するためのテクニックの1つです。

例文の色文字になっている音を鼻濁音で読んでみましょう。

・長野の佐賀さん　身軽でかごで上下したが、けがもなかった
・次に　右のかぎを開けると　やぎと　うさぎと　ねぎが　次々に出てきた
・けげんなことに　予言が当たり　機嫌が悪く　ゲーゲーはいた

きゃ・ぎゃ行

・東京都特許許可局　農商務省特許局　通産産業局　日米協力局　日本銀行特別特許国庫局
・お客が柿むきゃ飛脚が柿食う、飛脚が柿むきゃお客が柿食う　お客も飛脚もよく柿食う客飛脚じゃ
・京の狂言師が京から今日来て狂言今日して　京の故郷へ　今日帰った
・急ごしらえの救急箱を肩に　急遽　救急車で旧友の救護に　赴いた
・牛馬の虐待は加虐性の現われともいえるが　被虐狂も加虐狂も異常性格でしょう

さ行

・せり　なずな　ごぎょう　はこべら　ほとけのざ　すずな　すずしろ　これぞ七草
・周囲の諸情勢を参照し　終始　審査に専念せられし　秀才諸氏の　意思を重視し　誠心誠意　御

成案即時実施に賛成する

・狭い背戸で　親切な先生が　背の低い生徒に　セルの制服を着せていた

・笹原さん　佐々木さん　佐々三郎さん　三人早速あさって参上させましょう

・桜さく　桜の山の桜花　咲く桜あり　散る桜あり

ざ・しゃ・じゃ行

・芝の増上寺の上棟式には　大僧小僧に大僧正俗人も続々加わり上々だった

・ざるの残飯をざくざく食って　混雑の中で雑誌を読んでるキザなやつ

・縁の下の地蔵様に　足差し出さっしゃいますなといったのに　また　足差し出さっしゃいました

・学習塾の宿題を済ませ　下宿人の運転手や運転士の見舞いに　新宿病院の手術室へ

・古いジェネレーションの　ジェスイットのジェントルマンが　大きなジェスチャーで　ジェラニウムの花を観賞していた

た行

・大変達者な　たび屋さん　太鼓の代わりにたらいをたんたんたたいて　啖呵を切った

・向こうの竹屋に　竹立てかけた

・強い狐が　月夜に　鶴とツバメとつぐみを捕まえてつる草でつるした

・この竹垣に竹立てかけたのは　竹立てかけたかったから　竹立てかけたのです

・立った立った立った高かった

・台風が太平洋をたたっと通り　タイに達したから多々良島はたいしたことない

・足りない球を　球拾いしようと　ただ立って　佇んだ

だ行

・毒多き、毒の中にも気の毒は、何より毒なものでこそあれ

・とどまらば　とどめてましを　とどめても　とまらぬ年を　如何でとどめん

・大学施設視察団　代表者会議　議題で　大紛糾

・代替の大臣が　大々的に　団体の糾弾で　大打撃を受けた

ちゃ行

・隣の茶釜は　唐金茶釜だが　うちの茶釜も　唐金茶釜

・検察庁長官と調達庁長官が　長期調達問題の疑問点を　論じ合った

・茶茶壺　茶壺　茶壺にゃ　ふたが無い　そこをとって蓋にしろ

な行

・生麦　生米　生卵

・ぬけぬけと盗んだ布でぬぐったが　ぬるぬるは取れぬ

・抜きにくい釘　引き抜きにくい釘　くぎ抜きで抜く人

・野々宮の　後の　しのぶの　後の世の　秋のかたみの種の　残りて

・なせばなる　なさねばならぬ　何事も　ならぬは人のなさぬなりけり

・二条西の洞院西の入るにわとり屋に　にわとりが二十羽いたが　西隣の庭に　二羽にげた

・まるのの　野の字のなりの世の中の　人の心のまるきのぞよき

にゃ行

・万事不如意で　下面如菩薩　内面如夜叉とはいかず

入梅のような女房の顔

・にゃあにゃあが　こんにゃく食って　にゃーにゃー鳴く

・女人禁制の　入学試験に挑戦した　ニュージェネレーション

は行

・頬に浮かべる笑いは微笑み　頬につける紅は頬紅

・橋の端の橋善で　箸が折れたが　浜なべ八杯くったら　やっと腹八分目になった

・人の非は　非とぞ憎みて非とすれば　わが非を非とぞ　知れど非とせず

・ひどいどしゃぶりで避難したひさしの下で　額にしずくが一滴

・へっぴり腰の平兵衛さん　へべれけによっぱらって　へなへなへたばった

・ほら吹きのほら平　うっかり本音をはいたら　堀の中に放り込まれて　ほうほうの体

ば行

・ばかな馬車屋が　晩方のバスで　バラの花びらをばらばらにしていた

・弁慶の元服　源兵衛の元服

・坊主が屏風に　坊主の絵を　上手に描いた

・武具馬具　武具馬具　三武具馬具　あわせて武具馬具六武具馬具

ぱ行

・パリパリのパリジャンが　パンとパイを持ってきた

・ピクニックには　ピーチの缶詰とピッコロを持参した

・ペルシャのペンナイフに　ペンシルバニアのペーブメント

ひゃ行

・蛙ひょこひょこ　三ひょこひょこ　あわせてひょこ

ひょこ　六ひょこひょこ

・百戦百勝　百発百勝の人を　評価

・百尺の竿頭を一歩すすむ　九十里をもって半ばとす　酒は百薬の長など　ことわざには　百が多い

・ひゃー　ひゅー　ひょー　っと火の玉が百発百中した

ま行

・馬の耳に念仏　寝耳に水

・スモモも　桃も　桃のうち

・青巻紙　赤巻紙　黄巻紙　黄巻紙　青巻紙　赤巻紙

・虫といえど　無視はできない　まいまいつぶり

・麦ごみ麦ごみ三麦ごみ　あわせて麦ごみ六麦ごみ

・森のもく兵衛　もなかをもぐもぐ　森ももぐもぐ　文句も　もぐもぐ　もぐもぐもぐもぐ　六もぐもぐ

みゃ行

・宮家の苗字が　脈々と続いた　御代

・大宮の身寄りが　脈絡のない身の上話をした

・明日まで　ミャーミャー鳴く三毛猫に　見向きもしないままというのは　妙だ

や行

・夢の世に　夢に夢見る夢の人

・お綾や　お湯やへ行くと　八百屋にお謝り

・八雲立つ　出雲八重垣　妻ごみに　八重垣つくる　その八重垣を

・山が高くて　山中見えぬ　山中恋し　山憎し

ら行

・アンリルネルノルマンの流浪者の群れはゴロが悪いので　アンリルネルノルマンの落伍者の群れと　いい改めねばならない

・とろろ芋をとる苦労より　とろろ芋から　とろっとするとろろ汁をとる苦労

・利口な彼が利に走り　利が利を生んだが　理非がわ

からず

りゃ行

・吾郎が五両で　十郎が十両もらった
・戦略家が　謀略にたけた　政略を　努力と注力で　流用した
・野良如来 野良如来 三野良如来に六野良如来

わ行

・愛し合い　和気あいあいと　ワイワイ会話
・和英　英和　辞書
・馬屋の前のぬれわらに　生わら
・ウエストミンスターの鐘がなるとウエディングマーチが始まった

ん（撥音）

・新任の女性との恋愛が原因で転任した万年係長が山陰の転勤先で　恋愛が原因ではないと　淡々と言明した
・最近の無関心　無感覚　無責任は　無感情　無感動　無気力が原因
・全員が　韻を踏んだ民謡を　うんうん言いながら輪唱した

★その他の発音

促音（そくおん）

促音とは「っ」などの小さい「つ」で表される音を指します。普通の音としてではなく、舌を口腔内につけたり、はじいたりして、「つまる音」として発音します。

促音をキレイに話すためには、促音の前後の音をしっかり発音するように意識しましょう。

【例】送った　発表　黒海　切手

長音（ちょうおん）

「母さん」【か（ｋａ）あ（ａ）さん】「空気」【く（ｋｕ）う（ｕ）き】など、母音が連続する単語の場合、母音は伸ばして発音します。これを「長音」といいます。

【例】お父（とー）さん　黄色（きーろ）　弟（おとーと）　警察（けーさつ）　小（ちー）さい　通（とー）す
有料（ゆーりょう）　工業（こーぎょう）　大男（おーおとこ）　越中（えっちゅー）　立冬（りっとー）　投票日（とーひょーび）　八丁味噌（はっちょーみそ）　仏頂面（ぶっちょーづら）　殺風景（さっぷーけー）　放送局（ほーそーきょく）　経営経済学（けーえーけーざいがく）
正々堂々（せーせーどーどー）

表現力編

プロミネンス（強調）

相手により伝えたい情報を印象付けるためのテクニックが「プロミネンス（強調）」です。

プロミネンス（強調）には下記のような方法があります。

・伝えたい言葉を強く読む（逆に弱く読む）
・伝えたい言葉をゆっくり言う（逆に速く言う）
・伝えたい言葉を声色を変えて読む

これから出てくる練習文では、特に伝えたい言葉を意識し、強調しながら読んでみましょう。プロミネンスの付け方に正解はありません。自由な解釈で、楽しみながら練習してみてください。

◆擬態語・擬音語を強調する

・長男はスラッと背が高い
・バン、と扉を閉める
・ひらひらっと花びらが舞う
・ぽたぽたっと水が落ちる
・ドスンと落ちる
・もっとシャキッとしなさい

◆伸ばす言葉を強調する

・よーく確認してくださいね
・ずーっと長い間待っていました
・そーっと置く
・つめたーい目で見られました

◆短く発音する言葉を強調する

・ぜったいに嘘じゃありません
・まったく、その通りですね
・まっさおな空

・とっても暖かいですね

◆**間を取って強調する**

・冷たいカキ氷を食べたら　頭が痛くなりました
・寒い寒いクリスマスイブの晩にニルスは　白いひげのおじいさんに会いました
・私の兄は小さい頃なんと　サルを　飼っていました
・思いがけない電話　それは　初恋の人からでした
・今期の売上は　１１０％　いや　１２０％を目標にしよう

【練習】

プロミネンス（強調）で変わる伝わり方

どこに強調を入れて読み上げるかで、相手に伝わるメッセージは変わってきます。

たとえば、

「私の趣味は料理です」

この文章を次の３つのパターンに分けて、読み上げてみましょう。

❶誰の趣味が料理だということを強調したい場合
❷私の何が料理だということを強調したい場合
❸何が私の趣味かということを強調したい場合

同じように、次の練習文の（　）内にある部分を強調するように、声に出して読んでみましょう。

・彼女は小学校で音楽を教えていました
（誰が）（どこで）（何を）
・雪が降っているので道がとても滑りやすい
（どうして）（何が）（どうなのか）

・あのときに知り合ったのが正木先生でした
（いつ）（どうした）（誰に）

・どうして君は東京へ向かったのですか
（なぜ）（誰が）（どこへ）（どうした）

・面接の件は彼が連絡してくれました
（何を）（誰が）（どうした）

・試験終了後に、妻と電話で話をした
（いつ）（誰と）（何で）（どうした）

・表彰されたのは、弊社の田中君だ
（何を）（何の）（誰だ）

・明後日の午後6時に恵比寿で食事をしよう
（いつ）（何時に）（どこで）（何する）

・彼がその財布を届けてくれたのですか
（誰が）（何を）（どうした）

ポーズ（間）

ポーズ（間）のテクニックはトレーニング中にも学びました。間は、文章のなかで自分が強調したい語句の前後に入れて、「空白」を作ることによって「言葉にスポットライト」をあてるテクニックです。

その他にも、間には、文章の意図を違って伝えるという効果もあります。

例えば、次のような場合です。読点の後で間を取りながら読んでください。

「私の夢は、40歳になるまでに100か国をひとりで旅することです」
「私の夢は40歳になるまでに、100か国をひとりで旅することです」
「私の夢は40歳になるまでに100か国を、ひとりで旅することです」

間を取る位置によって、強調できる言葉が変わってくることが分かりましたか？
それでは例文を使って、練習してみましょう。

【練習】

例文1

「もっと、背筋をシャキっとしなさい」
「もっと背筋を、シャキっとしなさい」
「もっと背筋をシャキっ、としなさい」

例文2

「さあ、そんなところにいないでこちらにいらっしゃい」
「さあそんなところにいないで、こちらにいらっしゃい」
「さあそんなところにいないでこちらに、いらっしゃい」

例文3

「忘れてた、企画書明日の会議でいいかな」
「忘れてた企画書、明日の会議でいいかな」
「忘れてた企画書明日の会議で、いいかな」

例文4

「怖い、と思わず目を閉じてしゃがみこんでしまった」
「怖いと思わず、目を閉じてしゃがみこんでしまった」
「怖いと思わず目を閉じて、しゃがみこんでしまった」

例文5

「もし、私だったらどんなに苦労しても成し遂げたのに」
「もし私だったら、どんなに苦労しても成し遂げたのに」

「もし私だったらどんなに苦労しても、成し遂げたのに」

例文6

「それでは今日の試合を振り返りましょう」
「それでは、今日の試合を振り返りましょう」
「それでは今日の試合を、振り返りましょう」

例文7

「一方日本海には寒冷前線があります」
「一方、日本海には寒冷前線があります」
「一方日本海には、寒冷前線があります」

例文8

「さてこちらはどうでしょうか」
「さて、こちらはどうでしょうか」
「さてこちらは、どうでしょうか」

例文9

「続いて去年のデータをご覧ください」
「続いて、去年のデータをご覧ください」
「続いて去年のデータを、ご覧ください」

例文10

「ではこちらの物件をご紹介します」
「では、こちらの物件をご紹介します」
「ではこちらの物件を、ご紹介します」

イントネーション

イントネーションとは、抑揚・音の高低差・強弱などを総合的に利用して、言葉に意思や感情を乗せて伝えるテクニックの事です。

例えば次のような場合です。

「どうして?」

・「どうしてそんな事をしたの」と怒りを込めていう場合
・「どうして私だけが不幸なの」と悲しげに言う場合
・「どうして空は青いの?」と子どもが言う場合

同じ「どうして?」という一言でも、イントネーションに変化をつけることで、伝わり方が何通りにもなります。

次の単語を、それぞれのシチュエーションに合わせて読んでみましょう。

【練習】

「赤」

・「明日のネクタイの色」を尋ねる場合
・「リンゴの色」を子どもに教える場合
・「信号が赤だよ!」と注意する場合

「できる」

・明日までに頼んだ仕事が「できるかどうか」を聞く場合
・不安な心に言い聞かせるように「できる」とつぶやく場合
・「どうせできないのでは」と言われてムッとしている場合

「うそ」

・びっくりして聞き返す場合
・信じられず、疑いをもって聞く場合
・突然の訃報を受けて悲しそうに言う場合

「あれ」

・キレイな流れ星を指さして教える場合

・指さした書類を見つけられない部下にイライラしながら言う場合
・デスクに置いたはずの書類が無く、動揺してつぶやく場合

「さあ」
・昼休みが終わって、重い腰を持ちあげる場合
・ピクニックに出発する場合
・なかなか支度をしない子どもをせかせる場合

「もちろん」
・できそうもないことを尋ねられて、自信が無い場合
・得意なことをできるかと尋ねられて、自信満々な場合
・「やる気はあるのか」と聞かれムッとした場合

「そうですか」
・そういうことかと納得してうなずきながら言う場合

・感心して、尊敬を込めて言う場合
・相手が言うことを聞いてくれず、皮肉っぽく言う場合

総合練習

今までに学んだことを踏まえて、次の文章を読んでみましょう。

例文1・『五十音』北原白秋

水馬赤いな。ア、イ、ウ、エ、オ。
浮藻に子蝦もおよいでる。

柿の木、栗の木。カ、キ、ク、ケ、コ。
啄木鳥こつこつ、枯れけやき。

大角豆に酸をかけ、サ、シ、ス、セ、ソ。
その魚浅瀬で刺しました。

立(た)ちましょ、喇叭(らっぱ)で、タ、チ、ツ、テ、ト。
トテトテタッタと飛(と)び立(た)った。

蛞蝓(なめくじ)のろのろ、ナ、ニ、ヌ、ネ、ノ。
納戸(なんど)にぬめって、なにねばる。

鳩(はと)ぽっぽ、ほろほろ。ハ、ヒ、フ、ヘ、ホ。
日向(ひなた)のお部屋(へや)にゃ笛(ふえ)を吹(ふ)く。

蝸牛(まいまい)、螺旋巻(ねじまき)、マ、ミ、ム、メ、モ。
梅(うめ)の実落(みお)ちても見(み)もしまい。

焼栗(やきぐり)、ゆで栗(ぐり)。ヤ、イ、ユ、エ、ヨ。
山田(やまだ)に灯(ひ)のつく宵(よい)の家(いえ)。

雷鳥(らいちょう)は寒(さむ)かろ、ラ、リ、ル、レ、ロ。
蓮花(れんげ)が咲(さ)いたら、瑠璃(るり)の鳥(とり)。

わい、わい、わっしょい。ワ、ヰ、ウ、ヱ、ヲ。
植木屋、井戸換へ、お祭りだ。

例文2・『寿限無』

寿限無寿限無五劫のすりきれ、海砂利水魚の水行末
雲来末、風来末、食う寝るところに住むところ
やぶらこうじのぶらこうじ、パイポパイポパイポ
パイポのシューリンガンシューリンガンのグーリンダイ
グーリンダイのポンポコピーのポンポコナーの
長久命の長助

例文3・『外郎売』

拙者親方と申すは、お立合の中に、御存じのお方もござりましょうが、お江戸を発って二十里上方、相州小田原一色町をお過ぎなされて、青物町を登りへおいでなさるれば、欄干橋虎屋藤右衛門只今は剃髪致して、円斎となのりまする。

元朝より大晦日まで、お手に入れまする此の薬は、昔ちんの国の唐人、外郎という人、わが朝へ来り、帝へ参内の折から、この薬を深く籠め置き、用ゆる時は一粒ずつ、冠のすき間より取り出す。依ってその名を帝より、とうちんこうと賜わる。

即ち文字には「頂き、透く、香い」とかきて「とうちんこう」と申す。

只今はこの薬、殊の外世上に弘まり、方々に似看板を出し、イヤ、小田原の、灰俵の、さん俵の、炭俵のと色々に申せども、平仮名をもって「ういろう」と致したは親方円斎ばかり。もしやお立合の中に、熱海か塔の沢へ湯治にお出でなさるるか、又は伊勢御参宮の折からは、必ず門違いなされまするな。お登りならば右の方、お下りなれば左側、八方が八つ棟、表が三つ棟玉堂造り、破風には菊に桐のとうの御紋を御赦免あって、系図正しき薬でござる。

これからの時代に求められる、コミュニケーション力

「今後10〜20年程度で、米国の総雇用者の約47％の仕事が自動化されるリスクが高い」

これは、英オックスフォード大学でＡＩ（人工知能）などの研究を行うマイケル・Ａ・オズボーン准教授と野村総合研究所の共同研究によって発表された予測です。

技術革新がすさまじいスピードで進む時代にあって、人の仕事もどんどん機械化されています。電車の駅で、朝から晩まで切符を切ってくれた駅員さんも、道端で靴を磨いてくれる靴磨きのおじさんも、夕方にやって来る豆腐売りの自転車も、もう、今は見かけません。

あと10年たてば、もっと多くの「人がする仕事」が無くなってしまうことでしょう。

そんな時代に、「人が人でしかできないこと」とは何なのでしょか？

「あなたが機械より優れていること」とは、何でしょうか？

近い将来、人の声色や顔色で相手の気持ちを判断するＡＩが登場するかもしれません。人の感情の変化を真似て、感情を持つように振る舞うロボットが生まれるかもしれません。ＳＦ映画のようにロボットと人間が共生するような社会が訪れるかもしれません。

もし、そんな時代が訪れたとしても、コミュニケーション力があれば大丈夫。なぜなら、コミュニケーションは、人にしかできない非常に高度なスキルだと思うからです。

なぜなら、理由は簡単です。コミュニケーション力とは「対人」力だからです。

人対ロボットよりも、人対人の方が心地よい。

どんな時代であっても、そうあるために、私たちは、コミュニケーション力を失わずにいたいものです。


コミュニケーションに欠かせない要素である、「話し方」を磨けば、自分の考えや思いを相手に伝えることができます。

そして、相手に何らかの感情が生まれたら、それを受け取って、また返す。

話し方を磨くことは、単に自分をカッコよく見せる手段なのではなく、人の意見を聞き入れたり、共感したり、信頼関係を築いたりすることにつながっているのです。


話し方が、みなさんの未来を豊かにするツールとなってくれたら、スピーチ・トレーナーとして、この上ない幸せです。

KEE'S代表　野村絵理奈

Final Check List

下記は、スピーチ前にリマインドしていただきたいチェック項目です。
大切なプレゼンやスピーチの前に、ぜひこれらの項目を見直して、
より人の心を惹きつける話し方を意識してみてくださいね。

- □ 表情は笑顔になっていますか?
- □ 明瞭でクリアな発声・発音ができていますか?
- □ 声の高さは「ソのトーン」を意識できていますか?
- □ 口を大きく開けて、ハキハキと話せていますか?
- □ テンションは「普段の3倍」を意識していますか?
- □ 一本調子にならず、抑揚をつけた話し方ができていますか?
- □ 聞き手が飽きないように、間を取った話し方ができていますか?
- □ 相手に伝えたい「結論」「理由」「詳細」を、ロジカルに整理したスピーチ構成になっていますか?
- □ 「一般論」と「経験論」がバランスよく入ったスピーチになっていますか?
- □ 冒頭5秒で聞き手の興味を惹く「つかみ」は用意できていますか?
- □ 姿勢は真っすぐになっていますか?
- □ 目線は乱れていませんか?
- □ 自分が緊張したときの口癖は封印できていますか?
- □ スピーチの内容に沿った、効果的なジェスチャーは用意できていますか?

上記項目をマスターし、「聞き手に伝わりやすい話し方」を取り入れることで、
より一層活躍できるビジネスパーソンを目指しましょう!

監修＊株式会社 KEE'S
デザイン＊山下可絵
イラスト＊ハナムラ
カバー写真＊泉　三郎
構成協力＊小山田滝音
構成＊藤村はるな

野村絵理奈　のむら・えりな

株式会社 KEE'S 代表取締役。1975年兵庫県生まれ。同志社大学卒業後、ＮＨＫ松山放送局キャスター、気象予報士を経て、2005年株式会社KEE'Sを設立。独自の教育メソッドを確立し、これまで５万人以上にコミュニケーション、話し方、プレゼンなどの企業研修を行っている。ミス・ユニバース・ジャパン公認スピーチトレーナーとしても活躍。おもな著書に『世界一の美女になる話し方』『5000人を変えた！話し方の新・習慣77』『年収を２倍にしたければ、その話し方を変えなさい。』『世界基準の美を目指すビューティ・メソッド55』『女子力就活！』『ビジネスは話し方が９割』『THE SPEECH　人を動かすリーダーの話し方』（すべてポプラ社）などがある。

世界のエリートが実践！
革命的話し方メソッド

2017年３月29日　第１刷発行
2025年７月 １ 日　第５刷

著　者　　野村絵理奈
発行者　　加藤裕樹
編　集　　碇　耕一
発行所　　株式会社ポプラ社
〒141-8210　東京都品川区西五反田３－５－８　JR目黒MARCビル12階
一般書ホームページ　www.webasta.jp
印刷・製本　共同印刷株式会社

N.D.C.361／159p／26cm　ISBN978-4-591-15414-4

本書の「練習用・例文集」におきましては、出典が判明しないものも掲載させていただきましたが、出典や権利者をご存じの方は小社にご連絡ください。

P8008121